KB196459

일상이 고고학

나 혼자 수원화성 여행

※ 일러두기

1. 본문에서 인용되는 모든 저작이나 단행본에는 《 》(겹화살괄호)를, 잡지 등의 정기간행물과 화집에는 〈 〉(홑화살괄호)를, 문서, 그림, 영화 등의 제목에는 ' '(홑따옴표)를, 전시명에는 " "(쌍따옴표)를 사용했습니다.

2. 본문에 사용된 도판은 대부분 저자와 출판사가 저작권을 가지고 있으며, 국립박물관·사립박물관·위키백과·나무위키 등 공용 사이트의 저작권 만료 또는 사용 제약이 없는 퍼블릭 도메인 이미지는 출처 표시를 생략하거나 소장처를 표기하였습니다. 이외에 소장처가 분명치 않은 도판은 정보가 확인되는 경우 이에 따른 적법한 절차를 밟겠습니다.

일상이 고고학
나 혼자 수원화성 여행

황윤 역사 여행 에세이

책읽는고양이

프롤로그

정조, 18세기 후반 조선의 르네상스이자 마지막 전성시대를 연 조선 국왕이다. 지금도 정약용을 필두로 홍국영, 김홍도, 박지원, 혜경궁, 채제공, 서명선, 김종수, 조심태, 정민시, 심환지, 김조순, 정순왕후 등등 정조 시절에 활동한 수많은 사람들이 머리에 자연스럽게 떠오를 정도인데, 이렇듯 정조 시절은 다양한 개성을 지닌 인물들과 함께 꽤나 역동적인 시대로 기억되고 있다.

여기에 아버지 사도세자의 비극과 할아버지 영조와의 관계가 양념처럼 한 스푼 더해지면 남다른 깊이의 스토리텔링까지 만들어지기에, 대중들이 정조에 관심을 갖게 되는 매력적인 이유가 된다. 실제로도 정조에 대한 책이나 드라마, 영화 등이 그동안 어마어마하게 나왔으니 말이지. 그래서일까? 최근에는 정조가 사랑한 의빈성씨를 주인공으로 삼은 드라마가 나올 정도로 어느덧 대중들은 정치가를 넘어 다양한 정조의 모습까지 즐기게 되었다.

나 또한 어릴 적부터 정조에 관심이 많았는데, 이

는 아무래도 수원화성 때문인 듯하다. 집이 수원과 가까운 안양이라서 버스를 한 번만 타면 도착할 수 있었기에 경주에 갈 만한 시간 여유가 없을 때면 수원화성이라도 반나절 갔다 올 정도로 방문을 즐겼으니까. 역사 유적지 탐방으로 나름 경주와 비견될 정도로 자주 방문한 장소였다. 그렇게 수원화성을 한 바퀴 돌 때마다 마음이 묘하게 편해지면서 고마운 마음에 수원화성을 만든 정조에 관심이 생기곤 했다.

그러던 어느 날 북경을 다녀와서 청나라 건륭제에 대한 역사를 찾아 살펴보다보니, 정조와 겹쳐지는 부분이 많이 느껴지는 것이 아닌가. 마침 두 인물 모두 문무 겸비 군주를 표방한 데다 그림과 시를 통치방식으로 많이 활용하였고, 순행(巡行)이라 하여 자신이 통치하는 지역을 직접 돌아다니는 것을 즐겨했으며 통치기간마저 겹친다. 마침 1799년에 건륭제, 1800년에 정조가 세상을 떴으니까.

뿐만 아니라 건륭제가 엄격한 유교질서를 지닌 북경과는 다른 군주의 모습을 행궁인 피서산장에서 보여주었다면, 정조는 한양의 격식에서 벗어나 수원화성 행궁에서 사도세자의 아들로서의 모습을 보여주곤 하였다. 이렇듯 비슷한 모습을 보였음에도 대중 역사책 중에서는 정조 시대와 건륭제를 함께 연

敵臺

《화성성역의궤》 팔달문. 국립중앙박물관.

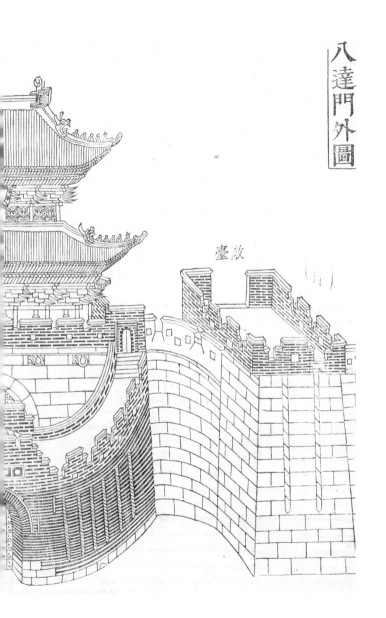

八達門外圖

敵臺

결하여 보여주는 것이 거의 보이지 않는다.

　그래서 이번 여행에서는 정조를 중심으로 수원화
성 축조 이야기까지 따라가보면서 중간중간 청나라,
특히 건륭제의 모습을 함께 비춰보고자 한다. 이를
통해 병자호란 이후 상당한 기간 동안 긴장을 유지
하던 조선과 청나라가 18세기 후반 들어와 어떠한
관계로 변했는지도 알아보자.

차례

1. 정조와 사도세자 그리고 영조

국립중앙박물관

국립중앙박물관에 "탕탕평평(蕩蕩平平)" 전시가 있다 하여 안양에서 4호선을 타고 오후 3시쯤 도착하였다. 국립중앙박물관은 개관 후 이곳저곳 정처없이 이사를 다니다 2005년 들어 용산에 완전히 정착하였으니, 오늘따라 그때 기억이 새록새록 떠오른다. 우선 저 멀리서 바라본 첫인상부터 참으로 묘했다. 예를 들면 프랑스의 루브르나 영국의 대영박물관, 미국의 메트로폴리탄 등을 보면 외관부터 한껏 박물관다운 화려함을 자랑하는 반면 국립중앙박물관은 박물관이 아닌 마치 거대한 성곽을 지은 것처럼 단순한 디자인으로 다가왔으니까.

하지만 이는 근현대시절 강대국의 유물 약탈과 굴곡진 역사 속에 우리의 소중한 것을 지키지 못한 아쉬움을 극복하려는 마음이 담긴 것이 아닐까. 그렇게 다른 각도로 해석되자 성벽처럼 단단한 박물관 외관에서 앞으로 다가올 미래에는 그 어떤 나라보다 귀중한 문화유산을 철저히 보호하겠다는 마음이 느껴졌다. 음, 여기까지 생각이 이어지다보니 오늘 전

국립중앙박물관 특별전 "탕탕평평" 전시의 포스터로 사용된 김두량의 그림 '삽살개'. 영조의 탕평책에 반대하는 글이 계속 올라오자 영조가 김두량에게 그림을 그리게 하고 어제시를 썼다. ⓒPark Jongmoo

시와 연관된 수원화성이 떠오른다. 수원화성 또한 이와 유사하게 임진왜란과 병자호란을 경험한 후 이를 극복하는 과정에서 지어졌으니 말이지.

오늘도 국립중앙박물관에는 입구부터 복도까지 참으로 많은 사람이 모여 있구나. 미어터진다는 표현이 딱 지금을 묘사하는 듯. 무엇보다 그룹으로 함께 다니는 학생들이 많이 보이는 걸 보니, 여러 학교에서 현장체험학습을 온 것 같다. 그렇게 블랙홀처럼 사람을 빨아들인 결과 2023년 기준 국립중앙박물관의 관람객이 무려 연간 400만 명을 돌파하였다고 한다. 현재 대한민국 인구가 5000만 정도이므로 수치상 거의 8%가 방문했다는 건데. 실로 엄청나다! 아무래도 나처럼 여러 번 반복하여 오는 팬층이 생각보다 두터운 듯.

한편 박물관 설명에 따르면 이번 전시 콘셉트는 "영조 즉위 300주년을 기념하여 영조와 정조의 최고 업적인 탕평정치에 밑받침이 된 글과 그림을 조명한 전시"라 한다. 영조가 음력으로 1724년 8월 30일 즉위했기에 어느새 시간이 300년이나 지났구나. 그럼에도 불구하고 우리는 영조시절 여러 사건, 그중에서도 자신의 아들인 사도세자를 8일간 뒤주에 가두어 죽인 이야기를 마치 옆 동네 어제 벌어진 소식처럼 잘 알고 있으니, 그만큼 한반도 역사에서 유례를 찾기 힘든 충격적인 사건이 아닐까.

왕의 아들이자 세자라는 높은 신분이 하물며 전란 시대도 아닌데, 좁은 뒤주 안에서 굶어 죽으리라 누가 감히 상상을 했겠는가. 게다가 영조는 당시 아들이 사도세자 하나뿐이었거든. 즉 왕위 승계 1순위인 유일한 아들을 죽여버렸다는 사실. 이를 대신하여 왕의 자리는 14년 뒤 세손인 정조에서 물려주었으니, 아무래도 이 당시 68세였던 영조는 영특한 손자가 있었기에 이를 믿고 이런 사단을 일으킨 것 같다. 가만히 영조 입장에서 생각해보면 불과 10세였던 손자에게 왕실의 운명을 모두 건 엄청난 모험이 기도 했다.

그렇게 영조를 이어 1776년 경희궁에서 24세의 나이로 즉위한 정조는 다음과 같은 윤음을 내렸으니, 한번 살펴볼까? 참고로 윤음(綸音)은 임금의 말씀이라는 의미로서 지금으로 치면 대통령의 담화문(談話文)과 유사.

아! 과인은 사도세자의 아들이다. 선대왕(영조) 께서 종통(宗統)의 중요함을 위하여 나에게 효장세 자를 이어받도록 명하셨거니와, 아! 전일에 선대왕 께 올린 글에서 '근본을 둘로 하지 않는 것(不貳本)' 에 관한 나의 뜻을 크게 볼 수 있다.
예(禮)는 비록 엄격하게 하지 않을 수 없는 것이

돈의문 전시관에 전시 중인 서궐도(경희궁) 채색 복원품.

나, 인정도 또한 펴지 않을 수 없는 것이니, 사도세자를 제사하는 절차는 마땅히 대부(大夫)로서 제사하는 예법에 따라야 하고, 태묘(太廟: 종묘)처럼 할 수는 없다. 혜경궁께도 또한 마땅히 서울과 지방에서 공물을 바치는 의례와 절차가 있어야 하나 대비(大妃)와 동등하게 할 수는 없으니, 담당 부서로 하여금 대신들과 의논해서 절차와 항목을 논의하여 결정한 뒤 아뢰도록 하라.

이미 이런 분부를 내리고 나서 혹시 불령한 무리들이 사도세자를 추숭(追崇)하자는 의논을 한다면 선대왕께서 유언하신 분부가 있으니, 마땅히 형률로써 논죄하고 선왕의 영령께도 고하겠다.

《조선왕조실록》 정조 즉위년(1776) 3월 10일

음, 여기서 그 유명한 정조의 "과인은 사도세자의 아들이다."라는 표현이 나오는구나. 그렇게 즉위 직후 국왕의 담화문에서 사도세자를 언급했던 것. 그런데 바로 뒤의 문장은 과연 무슨 의미이려나? 아무래도 단박에 이해하기 힘든 복잡한 내용 같으니, 풀어서 이해해봐야겠는걸.

불이본

전시관 1층에서 복도를 따라 중간까지 쭉 이동하면 특별전시실이 등장한다. 바로 이곳에서 "탕탕평평" 전시가 진행 중이다. 티켓을 받아 전시실 안으로 들어서자 영조와 정조를 주인공으로 삼은 이야기로 구성되어 있네. 관람객이 꽤 많은 것을 보니 역시나 영조, 정조 이야기에 대한 대중의 관심과 인기가 상당한 듯싶다.

생각해보니 이들이 등장하는 사극 드라마, 영화가 보통 5년에 한 번씩은 꼬박꼬박 나온 것 같다. 이 중 근래 재미있게 본 것은 이준익 감독의 2015년 작품인 '사도'라는 영화였다. 역사를 기반으로 시나리오를 참 잘 구성한 사극이었거든. 가만, 내 기억 속 가장 오래된 내용으로는 90년대 '왕도'라는 드라마도 있었다. 나중에 궁예로 유명해진 김영철 배우가 홍국영을 맡았던 사극이었지. 하하. 어린 나이임에도 왜 이리 열심히 보았는지. 이미 그때부터 역사광이었나보다.

아참, 맞다. 전시관을 들어서며 딴 생각을 하다보

니 잊을 뻔했네. 정조가 즉위 직후 발표한 윤음 이야기를 마저 해야지. 나이를 먹다보니 깜빡깜빡이 갈수록 심해진다니까.

정조의 윤음 중 가장 주목할 부분은 다름 아닌 "불이본(不貳本)"이라는 표현이다. 이 중 '貳 = 二'라는 의미를 지니고 있기에 '不貳本 = 근본은 둘이 아니다'라고 해석할 수 있다. 그렇다면 우선 근본이 둘이 아니라는 표현이 무엇을 의미하는지 알아봐야겠다. 이를 위해 문장 앞부분을 다시 한 번 읽어보자.

아! 과인은 사도세자의 아들이다. 선대왕께서 종통(宗統)의 중요함을 위하여 나에게 효장세자를 이어받도록 명하셨거니와.

여기서 정조는 자신이 비록 사도세자의 아들이지만 선대왕, 즉 영조가 종가의 혈통을 위해 자신을 효장세자의 아들로 삼았음을 밝히고 있다. 이때 언급된 효장세자는 영조의 첫째 아들로서 1728년 불과 9세의 나이로 사망한 인물이다. 그리고 사도세자는 형이 죽은 후 7년 뒤인 1735년에 태어났으니 정조는 더더욱 큰아버지인 효장세자를 생전 만나본 적이 없었다. 어쨌든 사도세자가 죄인이 되어 죽은 이상 그의 혈통을 따를 순 없는 노릇이기에 영조는 자신의

일상이 20

손자를 오래 전 죽은 큰아들인 효장세자의 양자로 삼았던 것. 바로 그 부분을 설명하는 것이 위의 문장이라 하겠다.

다음으로 불이본(不貳本) 원칙을 언급하며 정조는 선대왕인 영조의 뜻을 따르겠다고 밝힌다. 이는 곧 자신이 큰 아버지의 양자가 되어 왕위를 계승한 이상 생물학적 아버지인 사도세자가 아닌 양아버지인 효장세자를 근본으로 삼겠다는 의미다. 가계 족보상 효장세자의 아들로서 왕위에 올랐음을 분명히 한 것.

> 예(禮)는 비록 엄격하게 하지 않을 수 없는 것이나, 인정도 또한 펴지 않을 수 없는 것이니.

다만 사람에게는 인정이라는 것이 있으니 정조는 자신의 아버지인 사도세자와 어머니인 혜경궁의 경우 비록 각각 태묘(太廟: 종묘에서 제사를 치르는 왕)나 대비(大妃: 돌아가신 왕의 왕비) 대접은 할 수 없지만, 그럼에도 불구하고 일정한 규정에 따라 대접이 필요하므로 이에 대한 내용을 대신들에게 의논하도록 하였다.

그리고 마지막으로 "불령한 무리들이 추숭(追崇)하자는 의논을 한다면 선대왕께서 유언하신 분부가 있으니, 마땅히 형률로써 논죄하고 선왕의 영령께도 고하겠다."라 하여 사도세자를 추숭, 예를 들어 왕으로 칭호를 높이고자 하는 등의 모습을 보인다면 국법으로 죄를 물을 것이라며 끝을 맺었다.

> 안동부(安東府)를 강등하여 현(縣)으로 삼았으니, 이도현과 이응원이 태어난 읍(邑)이기 때문이었다.
>
> 《조선왕조실록》 정조 즉위년(1776) 8월 19일

그렇다. 정조의 즉위 직후 발표한 윤음은 사실상 선왕인 영조의 뜻을 잘 따르겠다는 것이 요점. 그래서일까? 얼마 뒤 안동 지역에 사는 이도현, 이응원 부자가 사도세자의 원수를 갚아야 한다는 상소를 올리자 정조는 이들을 처형하고 안동부를 안동현으로 강등해버렸으니, 이를 통해 새로 즉위한 왕이 선왕인 영조의 유지를 분명하게 지킬 것임을 보여주었다.

허나 저 윤음을 기준으로 두고 정조는 생물학적 아버지인 사도세자를 영조와 약속한 범위 내에서 할 수 있는 한 최대 수준으로 복권(復權), 즉 상실된 자격을 회복하는 작업을 진행하고자 했으니. 그 노력이 참으로 눈물겹다. 평생의 족쇄처럼 할아버지와 아버지 사이에서 고민하는 정조의 모습이 여실히 드러나기 때문이다.

사도세자의 복권

정조는 즉위 직후 윤음을 통해 사도세자의 추숭을 주장하면 국법으로 죄를 묻겠다고 했지만 실제로는 재위기간 내내 왕으로 추숭하지 못했을 뿐 생물학적 아버지인 사도세자에 대한 추숭 사업을 본인이 직접 관심을 두며 꾸준히 추진하였다. 이는 곧 즉위 때 윤음이 본심은 아니라는 증거.

영종(英宗, 영조)의 유지에 따라 효장세자를 진종대왕으로 추숭하고, 효순현빈을 효순왕후로 추숭하였다.

《조선왕조실록》 정조 즉위년(1776) 3월 19일

한편 정조는 할아버지 영조와의 약속을 지키기 위하여 이미 돌아가신 자신의 양아버지 효장세자와 양어머니 효순현빈을 각각 대왕과 왕후로 추숭하였다. 이로써 왕실 족보는 영조의 뜻대로 영조 – 진종(효장세자) – 정조로 이어지는 형식으로 마무리되었다. 대신 생부였던 사도세자는 성리학의 주자(朱子)

가 정한 방식에 따라 종법상 황숙부(皇叔父)로 대접한다. 요즘 기준으로는 대략 삼촌 또는 작은아빠? 그런 느낌이랄까? 그렇게 양아버지에 대한 효를 즉위하자마자 밀린 숙제 마치듯 빠르게 마무리한 후 정조는 인생의 진정한 목표인 생물학적 아버지와 어머니의 격을 높이는 일에 에너지를 집중한다.

문제는 사도세자 복권이 정조 개인에게는 아버지의 억울함을 풀고 어릴 적 상처를 극복하는 일일지 모르나 국왕으로서는 선왕과의 약속을 어기고 왕실 종사를 위태롭게 한다는 비판을 받을 수 있다는 점. 사실 종법상 이미 영조의 명에 따라 양아버지인 효장세자의 아들이 된 이상 마음먹기에 따라 굳이 건드리지 않아도 되는 문제이기도 했으니까.

뿐만 아니라 이 문제는 잘못 건드릴 경우 과거 사도세자의 죽음에 관여했던 자들의 충역시비를 불러와 당쟁으로 격화될 소지가 있었다. 여기서 충역시비란? 자신의 당은 충(忠)으로, 상대 당은 역(逆)으로 간주하여 대립하는 것으로 이념이 다른 당끼리 엄청난 싸움으로 이어질 수밖에 없다. 서로 내가 옳다며 죽자 살자 싸우는 당파싸움이 바로 그것. 마치 국회에서 다른 당끼리 서로 죽일 듯 싸우는 모습을 떠올리면 될 듯하다.

이렇듯 정조의 사도세자 복권은 자칫 또 다른 문

제를 불러일으킬 여지가 다분했다. 어찌 보면 정치 화약고 그 자체였던 것. 그런 만큼 즉위 초반에는 조심스럽게 사도세자 추숭을 추진하였는데….

> 왕비(영조의 계비 정순왕후)를 높이어 왕대비로 삼고 혜빈(惠嬪)을 혜경궁(惠慶宮)으로 삼았으며, 빈궁(嬪宮: 정조의 정비 효의왕후)을 책립하여 왕비로 삼았다.
>
> 《조선왕조실록》 정조 즉위년(1776) 3월 10일

우선 정조는 즉위하자마자 자신의 어머니를 영조 시절의 혜빈에서 혜경궁으로 고쳐 부르도록 하였다. 사도세자가 죽자 영조는 며느리의 신분을 보장해주기 위해 세자의 부인을 뜻하는 세자빈(世子嬪)에서 빈을 가져와 혜빈(惠嬪)이라는 칭호를 주었다. 비록 남편은 죽었지만 왕실 내에서 세자 부인이라는 신분을 계속 보장해주겠다는 의도였다. 이를 기반으로 정조는 조선 왕실에서 고위층 왕족에게 붙여주던 궁(宮)이라는 칭호를 가져와 어머니께 혜경궁이라는 칭호를 준 것이다. 아무래도 정조의 부인인 며느리마저 왕비가 된 상황이라 어머니를 기존의 세자빈보다 더 높은 대우를 해주고 싶은 아들의 마음이 만든 호칭이라 하겠다.

사도세자의 새로운 시호, 장헌, 1776년.

사도세자의 존호(尊號: 높이는 칭호)를 추후하여
올려 '장헌(莊獻)'이라 하고, 수은묘의 봉호(封號)
를 '영우원(永祐園)'이라 하고, (중략)

《조선왕조실록》 정조 즉위년(1776) 3월 20일

다음으로 사도세자에게 장헌이라는 새로운 시호
를 주었으며 묘라 불리던 사도세자의 무덤을 영우원
(永祐園)으로 고쳤다. 이로써 사도세자의 공식명칭
은 장헌세자(莊獻世子) 또는 사도장헌세자(思悼莊
獻世子)가 되었다.

참고로 1. 능(陵)은 왕, 왕비의 무덤을 부를 때 사용하는 용어이며, 2. 원(園)은 왕에 오르지 못한 세자 또는 왕을 낳은 후궁 및 생부 무덤을 부를 때 사용하는 용어이고, 3. 묘(墓)는 일반 왕족이나 양반 또는 일반인 무덤을 부를 때 사용하던 용어였다. 그런 만큼 사도세자 무덤의 격을 한 단계 더 높였음을 알 수 있다. 그러다 1789년 들어와 동대문 휘경동에 위치하던 사도세자의 무덤을 수원으로 이장하면서 명칭을 영우원에서 현륭원(顯隆園)으로 고치게 된다.

이때 정조는 자기 마음대로가 아니라 1753년 영조가 자신의 생모인 숙빈 최 씨를 위해 창안한 궁원제(宮園制)라는 제도에 의거하여 사도세자 무덤을 높이는 일을 진행하였다. 영조는 무수리 출신이라 알려질 만큼 신분이 낮았던 자신의 어머니를 높이기 위해 다양한 조치를 취했는데, 이를 위해 국왕의 사친(私親), 즉 생부, 생모의 경우 왕이나 왕비보다는 낮지만 다른 왕실 인물보다 높은 격식을 갖춘 사당(宮)과 무덤(園)을 만들 수 있는 제도를 도입하였다. 그렇게 할아버지 영조가 선보인 제도를 활용한 만큼 사도세자의 무덤을 원으로 높이는 일은 큰 문제없이 진행되었다.

하지만 정조의 관심은 이쯤에서 마무리된 것이 아니었다.

임금(정조)이 한참 동안 울먹이다가 판중추부사 서명선 등에게 이르기를

"세실(世室: 종묘에 영조의 불천위)을 이미 정해 놓고 나라의 근본인 세자(문효세자)를 두었으니, 근본에 보답하고 먼 조상을 추모하는 의리에 있어 어찌 경사를 고하고 아름다움을 드러내는 일이 없어서야 되겠는가? 내가 슬픔을 안고 미처 하지 못한 지가 지금 몇 년이 되었다. 보답하는 길은 존호(尊號)를 올리는 한 가지 일밖에 없는데, 막중한 일이라서 감히 스스로 결정을 내리지 못하고 있다. 경들은 어떻게 생각하는가?"

하니, 서명선 등이 일제히 일어나 "빨리 성대한 의식을 거행해야 합니다."라고 하자 하교하기를

"내가 아픔을 참고 구차하게 목숨을 부지한 지가 지금 몇 해가 되었다. (중략) 대신과 재신들에게 물어보니, 모두 의견이 일치하므로 경모궁(사도세자)과 혜경궁에 존호를 더 올리는 예절을 이달 그믐 무렵으로 길일을 택하여 거행하도록 하라."

하였다.

《조선왕조실록》 정조 7년(1783) 3월 8일

과거에는 신분이 높은 분에게 칭호를 올리는 문

서명선 초상화, 일본 덴리대학 소장.

화가 있었는데, 이를 소위 존호(尊號)라고 한다. 앞
서 사도세자에게 부여한 장헌(莊獻) 등이 바로 그
예. 그런데 1783년 정조는 자신의 아들을 세자로 책
봉하기에 앞서 조상을 추모하는 의식을 치르고 싶어
했다. 그것은 다름 아닌 생물학적 부모인 사도세자
와 혜경궁에게 존호를 올리는 일이었다. 어쨌든 신
하들의 빠른 호응으로 사도세자에게는 수덕돈경(綏
德敦慶), 혜경궁에게는 자희(慈禧)라는 존호가 더해

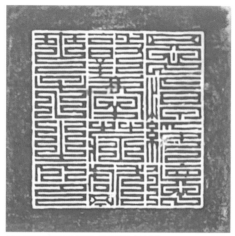
사도세자의 새로운 존호, 수덕돈경, 1783년.

졌다. 그 결과 사도세자의 공식명칭은 사도수덕돈경
장헌세자(思悼綏德敦慶莊獻世子)가 되었다.

이를 기념하는 병풍이 그려졌는데, 마침 이번 전
시에 모습을 보였다. 커다란 병풍을 살펴보니, 창덕
궁 인정전을 배경으로 여러 사람들이 참가하고 있
다. 이는 1783년 4월 1일의 행사를 묘사한 것으로, 1.
사도세자를 모신 사당인 경모궁을 왕이 직접 방문하
여 수덕돈경(綏德敦慶)이라는 존호를 올리고, 다음
으로 2. 창경궁 명정전을 왕이 직접 방문하여 혜경궁
에게 자희(慈禧)라는 존호를 올린 뒤, 3. 신하들이 창
경궁 인정전에 모여 국왕에게 이번 큰일을 치른 것

진하도(陳賀圖: 궁중에서 경사를 베푸는 장면을 그린 그림), 1783년, 국립중앙박물관.

사도세자의 새로운 존호, 사도수덕돈경홍인경지장헌세자(思悼綏德敦
慶弘仁景祉莊獻世子), 1784년.

에 대하여 경하드리는 순서 중 국왕이 주인공이 된
마지막 3번 행사를 병풍으로 그린 것이다.

　이렇듯 정조는 할아버지 영조의 불천위, 즉 영조
위폐를 옮기지 않고 영구히 종묘에 보존하는 것과
더불어 세자 될 아들의 출생을 기념한다는 핑계를
들어 친부, 친모의 권위를 높였다. 가능한 한 할아버
지 영조를 배경으로 끌어들여 아버지를 높이는 기회
를 만든 것이다.

　뿐만 아니라 정조는 이듬해인 1784년에도 할아버
지 영조의 즉위 60주년과 문효세자의 책봉을 함께

기념한다며 사도세자와 혜경궁에게 존호를 더하도록 하였는데, 그 결과 사도세자에게는 홍인경지(弘仁景祉)를 혜경궁에게는 정선(貞宣)이라는 호칭이 더해졌다. 덕분에 사도세자의 공식 명칭은 사도수덕돈경홍인경지장헌세자(思悼綏德敦慶弘仁景祉莊獻世子)가 되었다. 음, 시간이 갈수록 길어지네.

그런데 정조가 생부, 생모의 존호를 높이는 작업은 이것이 마지막이 아니라는 사실. 11년 뒤 정조가 마지막으로 올리는 존호가 또 있었다. 마지막 존호를 올리는 과정까지 영조의 도움이 필요했는데, 이 부분은 좀 이따 살펴보기로 하자.

규장각

사도세자와 혜경궁에게 존호를 올리는 행사를 기념하는 병풍은 그림 옆으로 글이 있다. 가장 앞줄에 위치한 제목의 경우 아무래도 병풍 접는 부분에 가까이 있다보니, 글 일부가 훼손되었지만 "진하시승전각신좌목(陳賀時陞殿閣臣座目)"으로 읽히는군. 해석하면 '진하 = 축하행사, 시 = 때, 승전 = 인정전 위로 올라온, 각신 = 규장각 관원, 좌목 = 명단'을 뜻한다. 응? 규장각이라면 분명 정조와 관련한 업적 중 하나로 들은 적이 있는데 말이지. 아마 학교 수업 때였나.

과연 규장각 관원 중 누가 참가했는지 명단을 한 번 살펴볼까? 가장 첫줄에는 규장각제학 유언호가 보이고 다음으로는 규장각검교직제학 정민시, 그 다음으로는 음, 그냥 이름만 읽어봐야겠다. 심념조, 정지검, 서유방, 김희, 서정수, 김우진, 김재찬, 서용보, 정동준, 이곤수 등 총 12명이로구나.

그런데 실제 그림 속에서는 총 11명이 왕이 위치한 인정전 안에 묘사되어 있다. 명단과 달리 11명만 있는 이유는 위에 언급한 심념조라는 인물이 이름만

진하도(陳賀圖) 중 인정전 내부. ①사간, ②승지, ③규장각 관원.

당시 금관조복의 예시를 보여주는 금관조복(金冠朝服)을 입은 채제공 초상화, 수원화성박물관.

올린 채 다른 일로 이번 행사에 참가하지 못했기 때문이다. 이들이 정확히 어디에 있냐면 왕이 위치한 일월오봉도 바로 앞으로 금관조복을 입고 있는 사람 중 일부가 바로 규장각 관원이다.

본래 행사 규범에 따르면 왕 가까이로는 내시나 호위 무장을 제외하곤 왕명을 외부로 전달하거나 신하들의 의견을 받아오는 승지(承旨) 및 왕 옆에서 매

일매일 역사를 기록하는 사관(史官)만 위치할 수 있다. 왕을 기준으로 가장 가까이 좌우로 승지 3명과 사관 2명, 총 5명씩 10명이 자리 잡고 있는데, 바로 그 다음 자리에 규장각 관원 11명이 좌우로 5명, 6명씩 나뉘어 위치하고 있다. 승지와 사관이 아님에도 규범에서 벗어나 인정전 내 왕과 가까운 위치에 자리 잡고 있다는 것은 엄청난 특혜이자 대우였음을 알 수 있다.

그렇다면 다른 여러 신하들은 어디에 있었을까? 인정전 계단 아래 마당에 위치한 동서 각각 12개의 품계석을 따라 정1품부터 쭉 자리 잡고 있구나. 규장각 관원들이 정1품보다 훨씬 왕 가까이에 위치하였음을 보여준다. 참고로 정1품은 영의정, 좌의정, 우의정을 필두로 그에 버금가는 최상위 고위층을 말한다.

이처럼 정조는 규장각 관원을 국왕과 가까운 자리에 두어 이들의 지위를 적극 후원하였다. 물론 규장각 관원 역시 이번 행사에서 왕을 도와 다양한 일을 하였으니, 사도세자의 존호를 올리는 과정에 필요한 문장을 쓰거나 행사 진행을 맡았다. 그런 만큼 정조는 행사가 끝나자 이들에게 길들여진 말을 선물로 주는 등 특혜를 이어갔다. 이들은 정조가 즉위 이후 직접 키워낸 친위 문신세력들이었다.

이렇게 정조가 규장각을 통해 친위 세력을 키운

이유는 다음과 같다.

> 임금(영조)이 이르기를,
> "의식이 갈수록 피곤하니 비록 한 가지의 일을 하더라도 진실로 응하기 어렵다. 이와 같은데도 어찌 만기(萬幾: 임금이 하는 여러 정무)를 수행하겠느냐? 국사(國事)를 생각하느라고 밤에 잠을 이루지 못한 지가 오래되었다. 어린 세손이 노론을 알겠는가? 소론을 알겠는가? 남인을 알겠는가? 소북(少北)을 알겠는가? 국사를 알겠는가? 조정의 일을 알겠는가? 병조 판서를 누가 할 만한가를 알겠으며, 이조 판서를 누가 할 만한가를 알겠는가? 이와 같은 형편이니 나라를 어디에 두겠는가? 나는 어린 세손으로 하여금 그것들을 알게 하고 싶으며, 나는 그것을 보고 싶다."
>
> 《조선왕조실록》 영조 51년(1775) 11월 20일

이는 80세가 훌쩍 넘은 영조가 대신들을 모아 정조에게 대리청정을 명하며 한 발언이다. 그러자 이때 좌의정이었던 홍인한의 경우 영조 발언을 곧바로 받아치며 "동궁(정조)께서는 노론과 소론을 알 필요가 없으며, 이조 판서와 병조 판서를 알 필요가 없습니다. 조정의 일에 이르러서는 더욱이 알 필요가 없

습니다."라는 강한 주장을 펼쳐 놀라움을 주었지. 함께 참석한 다른 여러 대신들도 발언의 과격함만 빼면 비슷한 반응이었다. 그만큼 당시 정조의 세력이 미약했음을 의미.

어쨌든 우여곡절 끝에 영조의 강력한 의지로 대리청정을 시작한 정조는 1776년 3월 5일 영조가 세상을 떠나면서 비로소 차기 국왕이 되었다. 그럼에도 불구하고 한동안은 자신의 세력이 부족함을 여실히 느낄 수밖에 없었다. 최근 통계에 따르면 영조, 정조 시절 정3품 이상의 당상관직에 오른 이들 중 79%가 노론이고 소론은 13%, 남인과 북인은 8%에 불과했다고 하니, 관료구성이 압도적으로 노론 중심이었음을 알 수 있다. 이들은 오랜 기간 거미줄처럼 얽히고설킨 혼인 등의 교류를 통해 힘을 축적하였기에 왕조차도 함부로 대하기 힘들었다.

참고로 노론과 소론은 과거 서인에서 나누어진 당파이며 남인과 북인은 과거 동인에서 나누어진 당파이다. 이중 북인은 광해군을 지지하다 인조반정 때 크게 몰락하였으며, 남인은 숙종시절 갑술환국으로 몰락하였고, 소론은 영조 즉위 후 소론과 남인 중심으로 이인좌의 난을 일으키는 바람에 세력이 크게 약화되었다. 그 결과 영조, 정조 시절에는 사실상 노론 시대가 열리고 만 것이다.

오죽하면 조선시대에는 세혐보(世嫌譜)라는 족보마저 성행했는데, 이는 원수 집안의 사람들을 마치 족보처럼 세세히 기록해둔 것이다. 예를 들어 노론계 집안의 경우 소론·남인 집안의 인물을 원수로 여겨 세혐보로 정리한 후 탄핵하거나 상벌에서 불이익을 주었으며, 더 나아가 국왕이 지명한 관직마저 함께할 수 없다며 단체로 거부하는 일까지 벌였다. 이처럼 단체로 여론을 움직이면서 압박하였기에 왕의 국정운영마저 쉽지 않았던 것.

이에 정조는 즉위년인 1776년 9월에 역대 국왕 및 본인의 초상화와 저술, 친필 등의 보관을 위한다는 명목으로 규장각을 설치한 후 1781년부터 이곳에서 활동할 젊은 문인을 적극적으로 직접 선발하였다. 이른바 '초계문신(抄啓文臣)'으로 불렸던 정조 친위 문신들의 등장이라 하겠다. 여기서 초계란 '인재를 가려 뽑아 임금에게 아뢴다'는 뜻이다.

그렇게 정조 시절 동안 총 10차에 걸쳐 138명의 초계문신이 선발되었는데, 대표적인 인물로는 나중에 순조의 장인이 되는 노론 출신 김조순, 실학자로 유명한 남인 출신 정약용, 정약용의 형이자 자산어보를 쓴 정약전, 《임원경제지(林園經濟志)》라는 농업 백과사전을 쓴 실학자이자 소론 출신 서유구 등이 있다. 즉 당색 구별 없이 가능성이 있는 젊은 문인

김홍도, 규장각도(奎章閣圖), 국립중앙박물관.

들을 모아 당이 아닌 국왕을 중심으로 활동하도록 만든 것이다. 정조 입장에서는 시간이 지나 나이 든 대신을 대체하여 이들이 높은 관직에 오르면 과거보다 당색이 옅어지리라 기대하지 않았을까?

정조는 서얼 출신 실학자인 박제가, 유득공, 이덕무, 서이수 등도 규장각 관원으로 뽑았는데, 이들의 임무는 비록 검서관(檢書官)이라 하여 서적의 편찬이나 교정을 맡은 것에 불과했지만 상징적인 의미는 남달랐다. 당시 서얼은 엄연한 양반 후손임에도 불구하고 신분이 낮은 첩(妾)의 몸에서 태어났다는 이유만으로 사회적인 차별을 받았다. 윗대가 서얼이라 서얼로 대접 받는 경우마저 허다했다. 이에 정조는 1777년 서얼의 관직 진출 기회를 크게 열어준 '정유절목(丁酉節目)'이라는 규범을 발표한 후 더 나아가 남다른 재주를 지닌 이들을 직접 선발하여 상징적으로 규장각에서 활동시키는 등 서얼 차별을 완화하고자 노력하였다. 기존의 세력틀을 깨기 위해 다양한 인재를 등용하고자 한 것.

그럼 이번 전시에 김홍도가 그린 규장각 그림이 출품된 만큼 이를 감상한 후 다음 코너로 이동해보자. 정조의 정책 중 문(文)을 대표하는 것이 규장각이면 무(武)를 대표하는 것은 장용영이라 할 수 있는데, 아무래도 전시 흐름상 그 부분이 등장할 차례 같거든.

장용영

　오호라, 전시에 '화성원행반차도(華城園幸班次
圖)'가 등장하였구나. 참고로 원행이란 당시 정조의
생물학적 아버지인 사도세자 무덤을 원(園)으로 승
격시킨 만큼 화성에 위치한 친부 산소를 방문한다는
의미. 그리고 반차도는 행사장면을 그린 그림이라는
뜻이다. 이렇게 모든 뜻을 다 합치면 제목의 의미를
알 수 있다. 대략 '화성에 위치한 사도세자 산소를
방문하는 행사를 그린 그림'이라는 뜻이다. 참고로
반차도는 행사 당일이 아닌 행사 이전에 미리 제작
된다는 사실. 지금 기준으로 본다면 예행연습 겸 행
사배치도 기능이라 하겠다.
　가만 보아하니, 작품의 전체 길이가 무려 44.8m
인 관계로 어쩔 수 없이 일부분인 10m 정도만 보여
주는 모양이다. 긴 길이만큼이나 등장인물도 많아서
전체 그림에 등장하는 사람 숫자만 무려 6400명에
이른다고 한다. 실제로 이 그림의 배경이 되는 1795
년 원행의 경우 함께한 군사의 수만 해도 어가를 호
위할 군병 2380명, 화성에서의 군사훈련에 참여할

信箭宣傳官　內人　奏嚴差備

信箭宣傳官　內人　奏嚴差備

화성원행반차도, 국립중앙박물관.

奉頭別監

牽馬廳

左牽

화성원행반차도, 국립중앙박물관.
자궁가교라 하여 정조의 어머니인
혜경궁을 태운 가마가 보인다.

慈宮駕轎

화성원행반차도, 국립중앙박물관. 화성에 위치한 사도세자 산소를 방
문하는 행사를 그린 그림 중 어의 부분.

牽馬僤

壯勇營知彀官二

左牽

화성원행반차도, 정조 어마 세부, 국립중앙박물관.
조선시대에는 초상화를 제외하면 왕을 직접적으로
그릴 수 없었기에 마치 빈 말처럼 그려 넣었다.

繖扇

御座馬

絲扇

군병 3700명, 각 군영의 병사 1000여 명을 합하면 약 7000명이었다. 여기에 혜경궁의 회갑연에 초대된 내·외빈과 여러 관원까지 합하면 전체인원은 7200여 명에 달하였다. 즉 이들 대부분을 화성원행반차도에 표현한 것이니 한 땀 한 땀 엄청난 정성을 들인 작품임을 알 수 있다.

그런데 이렇게 동원된 병력 중 약 3000명이 다름 아닌 장용영 병력이었으니, 이 역시 규장각만큼이나 정조가 어마어마한 시간과 에너지를 투입하여 만든 국왕 친위부대였다는 사실을 알 수 있다. 이런 장용영이 만들어진 계기는 다음과 같다.

이전에 상(上: 정조)이 경희궁의 존현각(尊賢閣)에 나아가 매양 조회가 끝나면 밤중까지 책을 보는 것이 일상이었다. 7월 28일 밤에는 상이 존현각에 나아와 촛불을 켜고 책을 펴서 볼 적에 곁에 있던 내시 한 명이 명을 받들고 숙식하는 호위 군사를 보러 가서 좌우가 텅 비어 아무도 없었다.

홀연히 들리는 발자국 소리가 보장문(寶章門: 존현각 곁문) 동북쪽에서 월랑 위를 따라 은은히 들려오고, 어좌(御座)의 중간쯤에 이르러서는 기와를 내던지며 조약돌을 던져서 쟁그랑거리는 소리가 들렸다. 상이 한참 동안 고요히 듣고 있다가 도적이 상황을 알아보려고 하는 짓임을 깨닫고 내시와 하급 관원을 불러 횃불을 들고 위를 수색하도록 하였는데, 마치 사람이 차고 밟은 듯 기와 조각과 모래흙이 이리저리 어지럽게 흩어져 있어서 도적이 든 것은 의심의 여지가 없었다.

도승지 홍국영을 입시하라고 명하니, 이때 금위대장(禁衛大將)을 맡고 있던 홍국영이 청하기를,

"연화문(延和門)에 숙위하는 군사 및 삼영(三營)의 순찰하는 군사를 속히 불러 궁장 안팎을 수비하도록 하며, 무예별감(武藝別監)은 합문(閤門)을 지켜 도적이 달아나는 것을 막고, 궁궐 안을 두루 수색하도록 해주소서."

하였는데, 상이 허락하였다.

또한 홍국영에게 명하여 궁궐 수비군을 거느리고 철저히 수색하도록 하였다. 이때 칠흑 같은 밤에 풀이 무성하였으므로 사방으로 수색하였지만 끝내 자취가 없었고 새벽이 되어서야 수색을 그쳤다.

《속명의록(續明義錄)》

때는 1777년, 정조가 경희궁 존현각에서 책을 읽고 있는 어느 날 밤이었다. 건물 위에서 이상한 소리가 나서 수색토록 하니 기와가 흩어져 있는 것이 아닌가? 이에 금위대장을 맡고 있던 홍국영을 부르자

그는 이것이 단박에 자객의 흔적임을 깨닫고 대궐 안을 수색토록 하였다. 그러나 어두운 밤이라 결국 자객을 찾지 못했는데….

담이 유달리 컸는지 경희궁을 탈출한 자객은 다시 한 번 더 정조를 암살하고자 궁을 침범했다. 이때 정조는 위험을 느껴 경희궁에서 창덕궁으로 거처를 옮긴 상황이었는데, 자객 역시 8월 11일 밤을 틈타 창덕궁으로 들어왔다. 하지만 이번에는 궁을 지키는 군사들이 추적하여 자객 전흥문을 사로잡는 데 성공한다.

잡힌 자객은 놀라운 말을 했으니…. 조사과정에서 전흥문은 호위군관 강용휘와 함께 경희궁 존현각을 침입했다고 자백한 것이다. 국왕을 호위하는 군관이 국왕을 죽이고자 자객과 함께 국왕의 침전에 접근한 것은 조선 역사상 처음 있는 실로 놀라운 사건이었다.

그렇다면 왜 이런 일이 벌어지게 됐을까?

군관 강용휘는 평소 자신과 친하게 지내던 노론계 홍계희의 집안사람, 정확히는 홍계희 손자의 제안으로 정조를 죽이기로 결심하였다. 이를 위해 강용휘는 자객으로 삼은 전흥문에게 1500문(文)의 돈과 여종을 아내로 주었다. 게다가 침입 과정에서 강용휘는 궁궐에서 나인으로 일하던 자신의 딸과 궁중별감으로 있던 조카의 안내로 정조가 머물고 있던 존현각까지 쉽게 이동할 수 있었으며, 조사 결과 영조의 왕비였던 노론계 정순왕후 집안과 친밀한 관계를 가진 궁궐 내 상궁들과도 내통한 흔적이 드러났다.

이번 사건으로 인해 홍계희 집안은 말 그대로 박살이 났는데, 공교롭게도 홍계희(1703~1771)는 사도세자의 죽음과 연관된 인물이었다는 사실. 과거 사도세자의 잘못을 영조에게 적극 알려 죽음에 이르도록 만든 혐의가 있었던 것. 홍계희가 이미 죽은 지 오래라 정조는 이에 대한 책임을 묻지 못할 뻔했으나 그 자손들이 정조 암살 사건에 개입한 사실이 드러나면서 살았을 때 얻은 벼슬과 공을 다 뺏기는 관직 추탈이라는 형벌이 내려졌다. 참고로 홍계희는 영조 시절 이조, 형조, 병조, 호조, 예조 판서 및 판중추부사 등을 역임한 당대 권력자였다. 물론 능력도 남달라 균역법 실시, 청계천 준천, 동대문 공사, 30여 편의 책 편찬 등의 공을 세웠지만 이번 사건으로 다 잊힌 존재가 되고 만다.

결국 국왕 암살은 실패로 끝났지만, 호위군관의 역모에 충격을 받은 정조는 호위부대를 대대적으로 개편해 새로운 경호부대를 창설하고자 한다. 이번 사건을 통해 알 수 있듯 궁궐을 지키는 군관과 궐내 나인 및 상궁들까지 특정 당 인맥과 깊게 연결되어 있는 심각한 상황 속에서 정조는 사방이 적으로 느

김홍도의 작품으로 추정되는 홍계희 평생도, 국립중앙박물관. 출생부터 성장, 혼인, 관직생활, 장수의 즐거움 등이 그려져 있다.

껴질 수밖에 없었을 테니까.

그 결과 1785년 장교 출신으로 특별히 50명을 뽑아 '장용위'라는 국왕 호위부대를 창설하였고, 이후에도 꾸준히 병력을 증가시키던 중 1789년부터 '장용영'이라 부르다가 1793년 규모를 대폭 확대하여 병력 5000여 명을 보유한 대규모 군영으로 발전시켰다. 유사시에 동원되는 병력까지 합치면 총 2만 2000명에 이르는 규모였다. 장용영은 내·외영으로 구성되었는데 내영은 국왕 경호, 수도 방어 등의 임무를 위해 도성에 주둔하고, 외영은 수원화성에 주둔시켰다. 알다시피 수원화성은 정조가 심혈을 기울여 만

든 장소였던 만큼 장용영이 정조를 위한 병력으로
운영되었음을 알 수 있다.

장용영과 수원의 향무사(鄕武士)에게 활과 포 쏘
는 시험을 치르도록 하고, 모두 회시(會試)에 부치라
고 명하였다.

《조선왕조실록》 정조 16년(1792) 2월 28일

춘당대에 나아가 장용영의 활쏘기 시험을 보았
다.

《조선왕조실록》 정조 16년(1792) 12월 10일

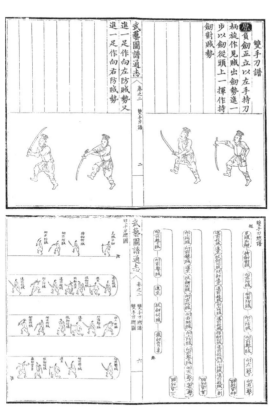

《무예도보통지》, 규장각.

    당시 기존 부대들의 경우 인사권을 가진 고위 무관들이 대체로 노론의 영향력 아래에 있었으나, 장용영은 국왕의 인사권 개입을 특별히 강화시켜 운영하였다. 게다가 정조는 장용영의 훈련을 직접 참관하거나 종종 무과시험 특혜를 주기도 했는데, 이 모든 것은 국왕의 특별한 관심의 결과였다. 정조 본인부터 명궁이라 불릴 만큼 활을 잘 쏘는 등 남다른 무예를 익힌 인물이기도 했으니까.

정조는 무과 출신인데다 당시 장용영 소속이었던 백동수와 규장각 검서관인 박제가, 이덕무 등에게 《무예도보통지(武藝圖譜通志)》를 편찬하도록 하였는데, 마침 이들 모두가 서얼 출신이라 무척 흥미롭게 다가온다. 한마디로 군사훈련을 위한 교본으로서 중국과 일본의 무예까지 정리하여 조선식 실전용 무예 교본을 만든 것이다. 이 과정에서 장용영 무사들이 직접 무예시범을 보이며 작업이 이루어졌다고 하니, 사실상 장용영과 합작품이었던 것.

이렇게 자리 잡은 장용영은 특히 정조가 사도세자 산소를 방문할 때마다 당당한 위세를 보이며 함께하였다. 과거 사도세자가 영조를 대신하여 대리청정을 할 당시 무예서를 편찬하고 신진 무인을 양성하고자 노력한 적이 있었는데, 그것을 이어받아 더욱 큰 규모로 성공시켰으니 얼마나 뿌듯했을까? 그런 만큼 정조는 아버지를 만나러 갈 때마다 일부러 군복을 입은 채 장용영을 거느려 자신이 아버지가 이룩한 업적을 이어받아 문(文)뿐만 아니라 무(武)까지 겸비한 인물임을 상징적으로 보여주고자 했다.

동덕회

　반차도에 등장하는 인물들을 하나하나 감상하다 보니 한 가지 의문이 든다. 즉위 후 정조 스스로 자신의 세력 구축을 위해 규장각, 장용영을 설립했다면 그가 왕이 되는 과정에서 도움을 준 신하들은 과연 없었을까? 당연히 있었다. 아무래도 정조의 또 다른 업적인 탕평책을 설명하기에 앞서 잠시 이 부분부터 이야기해보자.

　정조는 사도세자가 죽었음에도 차기 왕이 될 동궁으로 인정받아 궁궐에서 지낸다. 하지만 자신을 보호할 부모가 죽거나 힘이 사라진 상황에서 궁궐 안팎으로는 늘 견제세력이 주시하는 상황이었다. 어느 순간 할아버지가 변덕을 부려 자신마저 아버지 사도세자처럼 만들 수 있다는 공포감도 아예 없진 않았을 테고. 그런 만큼 자신의 유일한 생명줄인 할아버지가 원하던 동궁의 모습대로 공부에 더욱 매진할 수밖에 없었다. 그렇게 시간이 지나 영조가 나이가 들어 치매 모습까지 보이니, 주변에서 정조를 더 세게 흔들기 시작하였는데….

당시 정조를 괴롭히던 주요인물로는 어머니 혜경궁의 작은아버지였던 홍인한, 고모 화완옹주의 양아들 정후겸이 대표적이었다. 의외로 정조와 연결되던 외척 세력이 주요 방해세력이었던 것. 이외에도 정조가 즉위하면 아버지 사도세자의 원한을 갚을지 모른다 하여 알게 모르게 견제하는 신료들의 분위기도 있었다. 이들은 궁궐과 조정 내 여론을 움직여 끊임없이 정조를 모략하였고, 가능한 영조의 마음으로부터 떨어뜨려 놓고자 노력하였다. 다행히 영조가 치매증상이 있었음에도 정조만은 반드시 보호하겠다는 의지가 남달랐기에 망정이지. 정말로 큰일 날 뻔.

한편 동궁시절 여러 위험에 빠진 정조를 적극 보호한 인물로는 홍국영, 정민시, 서명선, 김종수 등이 있었다. 이들을 간단히 소개해보자.

1. 홍국영(1748~1781)

노론 명문 가문 출신으로 위험한 순간마다 해결책을 찾아내는 브레인 역할을 하며 동궁시절 정조를 도와 왕으로 즉위하는 데 큰 도움을 준 인물이다. 즉위 이후에도 정조의 무한한 신뢰 속에 도승지, 규장각 직제학, 훈련대장 등 요직에 올랐으나, 어느 순

간부터 권력에 취하여 함부로 행동하는 바람에 불과
32세의 나이로 강제 은퇴를 당하고 말았다. 얼마 뒤
34세의 나이로 죽으면서 정조와의 깊은 인연도 마무
리된다. 한편 남인 출신 채제공은 정조 즉위 초반에
홍국영과 친하게 지냈다는 이유로 노론과 소론의 거
센 공격을 받아 8년간 관직을 버리고 야인으로 지냈
다.

2. 정민시(1745~1800)

소론 출신으로 어릴 적에 작은아버지 가계로 입
양된 경험이 있어 정조와 통하는 면이 있었다. 홍국
영과 함께 위기에 빠진 동궁을 적극 도왔으며 정조
즉위 이후 여러 중요한 관직을 역임하였다. 성격은
조금 괴팍하다는 세간의 평가를 받았지만 홍국영과
달리 자신의 분수를 끝까지 지켰으며, 주변 청탁을
받지 않는 등 자기관리도 철저하였기에 정조가 남달
리 신뢰한 인물이다. 장용영의 규모를 확장시키는
과정에서 여러 재정적 지원방책을 마련하는 등 정조
의 꿈을 현실화시킨 재정전문가이기도 했다. 정조가
탕평책을 위해 적극적으로 등용한 남인 출신 채제공
과도 당파를 넘어 괜찮은 관계를 유지했다.

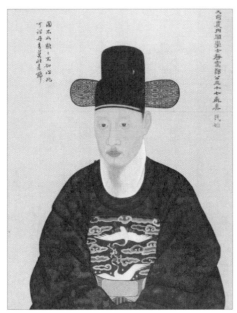

정민시 초상화, 일본 덴리대학 소장.

3. 서명선(1728~1791)

소론 출신으로 1775년 좌의정 홍인한의 압박으로
동궁이 위기에 빠졌을 때, 권력이 두려워 어느 누구
도 엄두를 내지 못하던 홍인한 비판 상소문을 목숨
을 걸고 올렸다. 잘못될 경우 조정 비판여론의 포화
를 받고 죽을 수도 있었으나, 이를 명분으로 삼아 영
조는 오히려 홍인한을 파면시키고 정조에게 대리청

서명선 초상화, 일본 덴리대학 소장.

정을 맡겼다. 나름 정조에게는 회심의 역전을 만들
어낸 은인이었던 것. 덕분에 정조 즉위 이후 승승장
구하여 영의정까지 역임한다. 이 과정에서 국왕의
통치철학을 따르는 '소론 + 노론' 연합당인 시파(時
派)를 이끌었다. 나름 여당 세력이라 보면 좋을 듯.

말년에는 철저한 당파 논리에 따라 노론과 함께
남인 출신인 채제공을 역적이라며 집요하게 공격하
면서 남인까지 함께하는 탕평책을 펼치려던 정조를

골치 아프게 하였다. 정조의 개혁정책이 본격적으로 시작되는 시점인 1791년에 사망. 이후 시파는 한동안 채제공이 이끌었으며 이때부터 시파는 정조를 따르는 '남인 + 소론 + 노론' 연합당이 된다.

4. 김종수(1728~1799)

영조 시절 노론 내 파벌 중 하나인 청명당(淸名黨) 출신으로 "세손은 임금이 되면 안 된다" 등의 일부 노론 의견과 달리 정조를 보호하는 데 적극 앞장섰다. 다만 사도세자 추숭에는 반대하였는데, 영조와의 약속대로 정조가 큰아버지 양자가 된 채 정통성을 이어가야 한다는 입장이었다. 그뿐 아니라 외척세력을 반대하였고 재야의 산림 노론 학자들하고도 인연을 이어가는 등 정치에서 나아가고 물러서는 명분과 원칙을 중요하게 여겼다.

무엇보다 김종수는 동궁의 스승으로 있는 동안 정조에게 큰 영향을 미쳤다. 군사부(君師父) 일체라는 사상을 강조하여 국왕이 통치자이자 학문에서 스승 역할도 겸할 수 있어야 한다고 주장했다. 즉 군주가 성인 역할까지 하던 고대 요순(堯舜) 시대의 이상을 다시금 실현해야 한다는 것. 실제로 정조가 목표로 삼은 군왕의 모습이기도 했다. 정조가 《홍재전서

김종수 초상화, 일본 덴리대학 소장.

《弘齋全書》라는 문집을 내는 등 학문 군주의 모습을
보인 것은 다름 아닌 김종수 영향이 컸다.

그는 정조 시대 초반만 하더라도 영조 시절 활동
한 외척들을 적극 공격하거나 홍국영을 실각시키는
등의 모습을 보였지만, 정조 시대 중반 이후에는 개
혁정책을 반대하거나 속도조절을 주장하는 등 노론
내 새로운 파벌인 벽파(僻派)의 수장으로 활동하였

다. 조정 내 비판세력, 즉 야당역할을 했다고 보면 좋을 듯. 덕분에 곧 이야기에 등장할 채제공과는 정치적으로 숙명의 라이벌이 된다.

> 상(上: 정조)이 매년 12월 3일에는 반드시 서명선과 홍국영·정민시·김종수 등 여러 사람을 불러 음식을 내리고 따뜻한 말로 은근하고 친밀하게 대하면서 '동덕회(同德會)'라 불렀으니, 그것은 서명선의 상소가 들어온 날이기 때문이다.
>
> 《조선왕조실록》 정조 15년(1791) 9월 13일

이렇게 4명은 정조의 세자 시절부터 도움을 준 인물인 만큼 정조 즉위 후 매년 12월 3일이 되면 동덕회라 이름 붙인 만남을 지속적으로 가졌다. 12월 3일은 1775년 서명선이 영조에게 홍인한 비판 상소문을 올린 날로 비단 정조뿐만 아니라 그를 도운 4명에게도 각별한 의미가 있었던 것이다. 해당 사건을 계기로 사실상 정조의 시대가 개막되면서 이들의 삶에도 큰 변화가 생겼기 때문. 다만 한 명은 강제 은퇴, 한 명은 중도에 사망하여 정조 시대 대부분을 함께한 동덕회 회원은 사실상 정민시와 김종수에 불과했다.

정조의 탕평책과 채제공

정조는 영조처럼 탕평책을 이어갔지만 그 방식이 조금 달랐다. 이해를 위해 우선 탕평책이 왜 등장했는지부터 알아보자.

정조의 증조할아버지인 숙종 시절에는 정국을 주도하는 붕당(여당)과 이를 견제하는 붕당(야당)을 한순간에 갑자기 교체해버리는 환국정치가 성행했다. 다만 지금처럼 국민투표로 여당과 야당이 바뀌는 것이 아니라 왕의 결심에 따라 변화가 생긴다는 점이 다르다. 그런데 이 과정에서 주도권을 잡은 당이 상대편을 정치보복으로 다시는 부활할 수 없도록 박살내는 것이 하나의 관습이었다. 그 결과 숙종 시대 환국정치에서 최종적으로 패배한 남인은 출사에 있어 굉장히 좁아진 문턱만 남게 되어, 설사 그 어려운 과거에 합격하더라도 중앙정치로 올라가기란 무척 어려웠다.

한편 남인을 꺾고 주도권을 장악한 서인은 남인의 처분을 두고 강경파와 온건파로 분리되는데, 이중 강경파는 노론, 온건파는 소론이었다. 그러다 숙종 이후 왕권을 두고 장희빈의 아들인 경종과 숙빈 최 씨의 아들인 영조에 대한 노론, 소론의 지지가 나뉜다. 즉 소론은 당시 세자였던 경종을, 노론은 일개 왕자인 영조를 지지한 것. 결국 경종이 왕이 되자 노론은 정권을 잡은 소론의 공격을 받아 여러 대신을 포함 60여 명이 죽는 등 말 그대로 박살이 났다.

하지만 경종이 불과 즉위 4년 만에 죽고 노론이 지지했던 영조가 왕위에 오르면서 분위기가 바뀐다. 다시금 노론이 힘을 되찾는 분위기가 만들어진 것. 그러자 소론 강경파와 권력에서 소외된 남인 일부가 힘을 합쳐 영조 4년인 1728년, 경종의 원수를 갚는다며 난을 일으켰으니, 이것이 그 유명한 이인좌의 난이다. 어찌어찌하여 난은 제압하였으나 자연스럽게 소론의 힘은 약화될 수밖에 없었으며 남인 역시 세력이 크게 무너졌다.

난을 제압한 후 영조는 매번 피바람을 몰고 다니던 환국정치가 아닌 노론 소론을 중심으로 한 탕평책을 운영하고자 하였는데, 사상적 근거는 과거 박세채(1631~1695)의 주장을 바탕으로 하고 있었다. 박세채는 옳고 그름을 판단하는 '시비론(是非論)이 아니라 우수함과 열등함을 판단하는 '우열론(優劣論)'을 바탕으로 반대당을 모조리 제거하는 방식을 버리고 우열에 따라 뛰어난 인재를 골라 쓰지는 논

박세채 초상화, 경기도박물관.

리를 제시하였다. 이를 위해서는 당파를 초월하여
군주를 중심으로 중립적이고 바른 방식으로 정치를
운영하는 것이 중요했다.

그런 만큼 영조는 유학적 사상으로 무장한 신료
로부터 인정받을 만큼 상당한 학문적 소양과 더불어
정책 논리를 닦았으며, 탕평책이 제대로 자리 잡을
수 있도록 노론과 소론의 강경파를 물러나게 하고
노론, 소론의 온건파들을 적극 등용하였다. 이때 등
장한 인사법이 쌍거호대(雙擧互對)였으니, 예를 들
어 인사권을 지닌 이조(吏曹)의 경우 이조 판서에 노

론을 임명하면, 이조 참판에는 소론을 임명하고, 이조 참의에 노론을, 그리고 이조 전랑에 소론을 임명하는 방식이었다. 노론과 소론이 서로 안에서 견제하도록 권력을 나눠 분배하는 모습이랄까.

하지만 영조의 탕평책은 시일이 지날수록 균형이라는 명목으로 기계적인 자리 배치에 편승한 채 왕에 대한 예스맨만 남게 되는 문제점이 생겨났다. 게다가 왕이 주도하는 탕평을 지지하는 세력 중에서도 왕실과 결혼을 맺은 노론 출신의 외척세력들이 점차 주도권을 쥐는 상황이 만들어졌다. 그 결과 영조 말기가 되면 노론 강세에다 외척들의 대립으로 큰 혼란마저 벌어졌으니, 혜경궁 집안의 남양 홍 씨와 정순왕후의 경주 김 씨의 대립이 바로 그것.

정조는 앞선 정책의 장점과 단점을 확인한 후 환국정치가 아닌 탕평책을 운영하고자 하였는데, 다만 할아버지 영조가 운영한 탕평책의 단점을 명확히 안 이상 이를 보완할 필요가 있었다. 그 결과 가능한 외척세력을 멀리하고 기존의 예스맨이 아닌 왕에게도 할 말은 하는 강경파 세력을 적극적으로 각 당과 지도층으로 받아들였다. 당연하게도 강경발언이 가득한 만큼 국왕이 컨트롤하기 무척 어려울 수밖에 없었지만, 이들의 열띤 토론과 경쟁을 국왕이 조절하여 올바른 통치를 하겠다는 정조의 의욕은 한때 남달랐다.

이런 정조의 탕평책에 큰 영향을 미친 인물이 있으니, 바로 원경하(1698~1761)였다. 영조 시절 활동한 원경하는 노론과 소론의 단순한 기계적 균형만으로는 민심을 얻을 수 없음을 지적하면서 동·서·남·북의 붕당 세력을 모두 아우르는 탕평이 이루어져야 한다고 주장하였다. 이것이 바로 노론과 소론을 넘어 남인과 소북 가운데서도 능력이 있다면 과감히 등용하자는 대탕평론이다.

영조는 해당 주장을 받아들여 남인을 일부 등용했는데, 오광운(1689~1745)이 대표적 인물이다. 영조는 그의 능력을 높이 사 조정 내 남인 세력의 명맥을 잇도록 지원하였는데, 덕분에 오광운은 비록 판서나 정승을 하지는 못했지만 지금의 감사원과 유사한 사헌부 수장을 맡는 등 나름 고위직에 오를 수 있었다.

이를 기반으로 오광운은 숙종 이후로 무너졌던 남인의 결집에 어느 정도 기여했는데, 그 과정에서 자신의 후임으로 남인 채제공(1720~1799)을 눈여겨보았다. 오광운은 채제공을 자신의 조카와 결혼시켜 자신의 뒤를 이어 남인들을 결집하도록 하였다. 영조 역시 오광운을 이어 남인을 상징하던 채제공을 높게 평가하여 여러 주요 관직을 내렸는데, 1770년

채제공 초상화, 수원화성박물관 소장.

대 들어오면 남인 출신으로 병조판서와 호조판서를
역임할 정도로 노론 중심의 정국에서도 승승장구하
였다. 게다가 채제공은 왕이 원하는 개혁정책을 여
러 비난을 무릅쓰고서라도 반드시 실현시키는 능력
이 남달랐다. 덕분에 조정 내 적은 많았지만 왕의 신

뢰는 높았다. 한마디로 맷집과 실행력이 상당한 인물이었던 것.

어필(御筆)로 특별히 지중추부사 채제공을 임명해 의정부 우의정으로 삼고, 이성원을 좌의정으로 올렸다.

《조선왕조실록》 정조 12년(1788) 2월 11일

어느덧 즉위한 지 10여 년이 넘어가며 어느 정도 통치에 자신이 생긴 정조는 할아버지 영조가 키운 남인 인재인 채제공을 적극적으로 활용하여 원경하가 주장한 대탕평을 열고자 했다. 이를 위해 1788년 영의정에는 노론 김치인, 좌의정에는 소론 이성원, 우의정에는 남인 채제공이 발탁되는 당시로서 매우 놀라운 사건이 벌어졌다. 거의 80여 년 만에 남인 정승이 등장한 것이다. 이에 그동안 정승 자리를 독점하던 노론, 소론에서는 일치단결하여 자신들의 조정 내 여론을 총동원하여 채제공을 공격하였으나 정조는 이를 과감히 물리쳤으니….

채제공의 독상시절

채제공은 1788년 우의정, 1790년 좌의정, 1793년
영의정 등을 역임하였다. 이 중 채제공이 좌의정에
있던 시기는 영의정 김익이 임명을 거부하고, 우의
정 김종수는 어머니 상으로 물러나면서 사실상 거의
3년간 채제공 홀로 정승을 맡던 시대이기도 했다. 이
를 소위 독상(獨相)이라 부르며 과거 세종시절 황희
가 홀로 정승이 된 경우 등을 제외하면 조선 역사 통
틀어 극히 보기 드문 일이었다.

무엇보다 최고 관직인 영의정만 18년을 역임한

'경기감영도(京畿監營圖)' 병풍, 18세기 후반~19세기 초반 한양 서대문 주변을 그린 작품으로 큰길을 따라 쌀가게, 신발가게, 약국, 한의원, 붓과 종이가게 등이 등장한다.

황희는 시대가 지나면서 이상적인 정승 그 자체를 상징하고 있었다. 이는 곧 채제공에 대한 정조의 신뢰가 세종시절 황희에 버금갔음을 알려주는 일화가 아닐까. 이렇듯 정조는 채제공을 위시로 한동안 남인을 적극적으로 키워 노론, 소론, 남인 이렇게 세 당이 마치 다리 세 개의 솥처럼 균형을 갖추기를 원했다. 한편 독상시절 채제공은 다음과 같은 일에 직면하였다.

1. 신해통공(辛亥通共)

그동안의 규칙에 따르면 한양 종로에는 국가 공

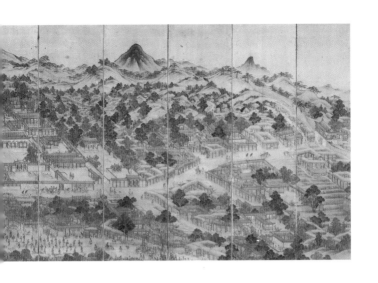

인을 받은 상인들만 시장거리의 큰 가게인 시전(市
廛)에서 독점적으로 상업 활동을 할 수 있었으니, 이
들을 시전상인이라 불렀다. 그런데 18세기 들어와
상업이 발달하면서 시전상인 명부에 등록되지는 않
았으나 가게를 열고 장사를 하는 사람이 크게 늘어
났다. 이를 어지럽게 자리 잡은(亂) 가게(廛)라 하여
'난전(亂廛)'이라 불렀다.

이에 시전상인들은 난전을 금지하는 권리, 즉 금
난전권(禁亂廛權)이라 부르던, 국가가 부여한 힘을
바탕으로 명부에 등록되지 않은 상인을 매번 강제
로 단속하였다. 그럼에도 불구하고 시대의 흐름상

난전이 늘어나는 것을 막을 수 없어 반발은 점차 커져만 갔다. 이에 채제공은 1791년 육의전(六矣廛: 종로에 위치한 여섯 종류의 큰 상점)을 제외한 나머지 시전의 금난전권을 과감히 폐지하도록 하였다. 이로써 누구나 상업에 종사할 수 있게 되면서 도시상업이 크게 발전하는 계기가 마련되었다.

2. 서학(西學)

1791년 전라도 진상에 살던 유생 윤지충과 권상현이 부모의 제사를 거부하고 위패를 불태운 놀라운 사건이 벌어졌다. 당연하게도 성리학 국가 조선에서는 엄청난 불효를 저지른 일로 인식되었기에 이들은 철저한 조사를 받게 되었는데, 그 결과 천주교 신자로서 그 교리에 따라 조상의 제사를 거부했음이 밝혀졌다.

당시 천주교를 조선에서는 서양의 학문 중 하나로 보아 소위 서학(西學)이라 불렀는데, 이는 서양의 무기, 지리, 천문 등의 과학기술도 함께 포함된 포괄적 개념이었다. 허나 이번 사건을 계기로 서학 중에서도 종교 부분, 즉 천주교 내용이 조선의 근본질서와 사상을 무너트릴 수 있다며 매우 부정적으로 바라보게 된다.

결국 사태의 엄중함에 따라 윤지충과 권상현은 사형에 처해졌는데, 이들이 남인계 유생이었기에 그 파급이 채제공에게까지 이어졌다. 당연하게도 이때다 싶은 노론의 공격이 엄청날 수밖에. 다만 정조는 "서학은 한때의 유행일 뿐이니 성리학을 바로 세우면 저절로 사라질 것이다."라고 발언했다. 채제공 역시 서학을 부모도 몰라보는 비문화적, 비윤리적, 비합리적, 비인간적인 사상이라며 비판하면서도 서학을 믿는 사람을 교화하여 올바른 길, 즉 성리학으로 되돌아올 기회를 주어야 한다는 온건한 주장을 펼쳤다. 그런 만큼 정조와 채제공이 살아 있는 동안은 그나마 천주교에 대한 박해가 그다지 심하지 않았다.

3. 사도세자 복권

1792년 경상도 지역의 유생 무려 1만 57명이 사도세자 복권을 주장하며 상소문을 올렸다. 해당 사건을 '영남만인소(嶺南萬人疏)' 라 부른다. 대략 그 내용은 "사도세자가 간악한 무리에게 억울하게 죽임을 당했으니 그 역도들을 처단해야 합니다. 전하께서 영남을 특별히 생각해주시니 저희도 목숨을 바쳐 은혜를 갚겠나이다." 였다.

이우(李堣)가 상소를 다 읽자, 상(上: 정조)이 억제하느라 목이 메어 소리를 내지 못하여 말을 하려다가 말하지 못하였다.

<조선왕조실록> 정조 16년(1792) 윤 4월 27일

소식을 들은 정조는 상소를 올린 대표자인 이우를 직접 만났는데, 그 내용을 듣자마자 목이 메어 말을 하지 못할 정도로 감격하는 것이 아닌가. 이 당시 경상도 지역 남인들의 경우 정치적으로 채제공과 긴밀하게 연결되어 있었던 만큼 정조와 채제공을 적극 지원하고자 이런 일을 벌인 것이다.

그뿐 아니라 노론이 장악한 조정 여론을 대신하여 무려 1만 명이 넘는 지방 유생의 여론을 조정에 등장시킴으로써 조선 안에 또 다른 여론이 존재함을 분명하게 상기시켰다. 지금으로 치면 유력 언론지 기사를 바탕으로 한 여론이 아니라 특정 이슈를 위해 SNS 등에서 동의서를 모은 형식의 여론이라 할까? 어쨌든 해당 사건을 바탕으로 채제공은 본격적으로 사도세자 복권에 나섰는데, 그 과정에서 영조의 유지를 변경시킬 만한 중요한 사건이 발생하였으니.

채제공 vs 김종수

> 채제공을 의정부 영의정에, 김종수를 의정부 좌
> 의정에 임금이 직접 벼슬을 내렸다.
>
> 《조선왕조실록》 정조 17년(1793) 5월 25일

1793년 정조는 남인 시파 채제공을 영의정, 노론 벽파 김종수를 좌의정으로 삼았다. 당연히 이 역시 탕평책의 일환이었다. 그런데 영의정이 되자마자 채제공은 기다렸다는 듯 정조에게 상소를 올리면서 김종수와 본격적인 대립이 펼쳐진다. 그 내용은 작년 영남만인소(嶺南萬人疏)가 올린 상소와 유사하였으니, 사도세자 죽음과 연결된 이들을 명백히 밝혀 역적을 처벌해야 한다는 내용이었다. 무엇보다 채제공의 상소에는 다음과 같은 발언이 들어가 주목받았다.

> 천지간의 극악무도한 자들의 친한 자들과 혈족들이 모두 갓의 먼지를 털고 벼슬길에 나와 벼슬아치 대장을 꽉 메우고 있습니다. 신이 괴이하게 여기

는 것은 세력 없는 역적에 대해서는 그 죄가 8, 9촌까지 미치나, 세력 있는 역적에 대해서는 국법에 의해 체포되어 조사받는 당사자 이외에는 비록 3, 4촌이거나 사위거나 처남이거나 매부로서 평소 친숙하게 지냈던 자들까지도 연루시키지 않을 뿐만 아니라 오히려 행여나 늦을세라 좋은 벼슬을 주기에 급급하고 있습니다. 천하에 역적은 똑같습니다. 그런데 국가가 그들을 징계하는 데에는 마치 차별이 있는 듯하니 그 까닭이 무엇입니까?

한마디로 숙종시대 이후 세력이 약해진 남인은 영조시절 이인좌의 난에 일부가 참여했다는 이유만으로 연좌되어 경상도 전체 남인이 지금까지도 제대로 된 관직마저 받지 못하고 있건만, 세력이 강한 노론은 사도세자를 죽인 역적이 포함되어 있음에도 연좌는커녕 당사자만 일부 조사받았을 뿐 그들 친족과 세력은 여전히 고위직을 맡고 있다는 강력한 비판이었다. 속뜻은 남인에 대한 제약을 과감히 풀어주거나 아님 사도세자를 공격한 세력에 대해 제대로 된 조사를 할 필요가 있다는 의미.

그러자 좌의정 김종수는 사도세자 복권은 과거 영조와 약속한 수준을 넘어서는 결코 안 된다는 원칙을 다시금 주지시켰다. 더불어 채제공은 선왕인 영조의 유지를 어긴 데다 영조와의 약속을 지키고 있는 정조에게도 역적이라며 강력하게 공격하였다. 만에 하나 정조가 채제공 주장에 적극 호응한다면, 이는 숙종시절처럼 노론 상당수가 갈려나가는 환국정치의 시발점이 될 수 있기에 그만큼 반발이 클 수밖에 없었다. 아무리 당파 세력이 강하더라도 최종적인 칼자루는 왕이 쥐고 있는 것이 왕조국가 시스템의 숙명이었으니까.

정조는 조정 내 반발이 갈수록 커지자 채제공과 김종수 모두를 파직하는 방법으로 사건을 매듭짓고자 하였다. 그럼에도 사태가 쉽게 잦아들지 않자 정조 관련한 드라마와 영화에서 매번 등장하는 금등지사(金縢之詞)를 1793년 8월 8일에 드디어 공개한다. 워낙 중요한 내용인 만큼 정조는 정2품 이상의 고위 대신들만 불러 금등지사 내용 중 일부를 보여주었는데,

> 피 묻은 적삼이여 피 묻은 적삼이여, 누가 안금장(安金藏)과 전천추(田千秋) 같은 충신인가? 오동나무 지팡이여 오동나무 지팡이여. 내 죽은 자식을 그리워하고 있노라.

가 바로 그것.

이는 기존 노론의 주장과 달리 영조가 사도세자의 죽음을 크게 후회했다는 내용으로서, 1. 피 묻은 적삼 = 사도세자의 피눈물을, 2. 안금장과 전천추 = 중국 역사 속 충언을 아끼지 않은 신하를, 3. 오동나무 = 사도세자가 가지고 있던 영조의 정비 정성왕후를 위해 사용했던 상주 지팡이로 나중에 사도세자 반대파들이 "사도세자가 영조가 일찍 죽기 바라며 보관했다"고 모함했던 물건을 뜻했다. 요약하자면 영조가 자신에게 목숨을 걸고 간언하는 안금장, 전천추 같은 신하가 있었다면 사도세자의 죽음을 막을 수 있었을 텐데, 한갓 오동나무 지팡이마저 유언비어로 이용한 이들 때문에 아들이 죽어 슬프다는 해석이 가능하다.

그뿐 아니라 정조는 그동안 채제공이 영조로부터 직접 받은 금등지사를 비밀리에 보관하고 있었으나, 이번 사건이 벌어져 어쩔 수 없이 이를 밝힌 것이라 이야기한다. 이는 곧 김종수의 주장과 반대로 영조의 숨은 의도를 잘 간직하다 세월이 훌쩍 지나 분위기가 무르익을 때에 비로소 사도세자 신원을 복권하고자 한 채제공이야말로 영조와 정조 모두에게 충신이라는 의미가 담겨 있었다.

생각지 못한 영조의 친서가 등장하면서 조정 여론은 찬물을 끼얹은 분위기가 된다. 영조의 숨겨진 뜻이 수십 년 만에 알려진 것도 놀랍지만, 어쨌든 간에 누가 뭐래도 국왕인 정조가 채제공의 손을 들어준 것이 분명했기 때문. 다만 정조는 김종수가 제기한 원칙 역시 계속 지키겠다는 의지를 보였기에 채제공이 주장한 것처럼 사도세자 죽음에 대한 조사가 새롭게 이어지지는 않았다.

그럼에도 불구하고 김종수는 계속해서 사도세자를 높이려는 정조의 의도를 무시하며 채제공과 함께할 수 없다는 모습까지 보이다 결국 탕평에 대한 배신자로 지목되어 평해와 남해로 귀양을 가는 등 거의 죽을 위기까지 간다. 조정 여론마저 완전히 등을 돌려 김종수를 어마어마하게 공격하기에 이른다. 하지만 국왕 즉위에 공을 세운 동덕회 회원인 만큼 정조의 배려로 이 정도로 죄를 묻고 마무리되었다.

한편 사도세자가 살아 있을 경우 1795년이면 60세이기에 이를 기념하여 1794년 12월 7일, 사도세자 존호를 새로 올리고자 존호도감(尊號都監)이 설치된다. 정조시절 마지막 사도세자 존호작업이다. 이때 정조는 김종수를 귀양에서 풀어주고 존호를 지어 올리는 일에 참여시키고자 했는데, 이는 곧 본인이 잘못한 행동을 본인의 손으로 고치라는 의도였다.

그러나 자기 손으로 사도세자 존호를 높이는 일만은 절대 맡을 뜻이 없었던 김종수는 국왕이 무려

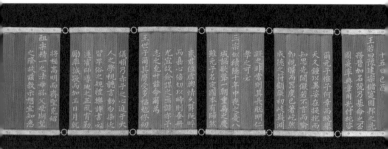

영조 시절인 1736년 사도세자를 왕세자로 책봉할 때 올린 죽책, 국립
고궁박물관.

21번이나 불렀는데도 명을 받들지 않았다. 오죽하면
정조가 가마를 타고 창덕궁 돈화문 밖으로 나가 김
종수가 올 때까지 기다리겠다는 발언이 있고서야 그
는 마지못해 입궐하더니 바로 사직을 청할 정도였
다. 어쩔 수 없이 정조는 채제공을 존호작업의 책임
자인 도제조(都提調)로 삼아 존호를 올리도록 하였
다.

> 경모궁(사도세자)에 올릴 존호를 '융범희공개운
> 창휴(隆範熙功開運彰休)'라고 의논해 정하였다.
>
> 《조선왕조실록》 정조 18년(1794) 12월 7일

이번에는 사도세자를 위해 한 번에 여덟 글자의
존호를 올렸는데, 이는 본래 국왕에게만 가능한 예

정조 시절인 1795년 장륜융범기명창휴(章倫隆範基命彰休) 존호 옥책, 국립고궁박물관.

법이었기에 사실상 왕과 동급 대우를 했음을 알 수 있다. 세자 신분은 4자 존호가 예법이었다. 아무래도 영조의 뜻이 담긴 금등지사가 널리 밝혀진 만큼 정조도 좀 더 과감한 추숭에 나선 듯. 그렇게 존호가 정해진 직후 정조는 다시 한 번 김종수를 부른다. 이때 김종수는 다음과 같은 의견을 보이며 드디어 정조의 뜻에 따르는 모습을 보인다.

경모궁(사도세자)에 존호를 올릴 때에 옥책(玉冊)을 쓰는 것이 예의에 합당한 듯한데, 이번에 죽책 제술관(竹冊製述官)을 차출하라고 하셨으니, 옥책과 죽책의 분별이 어느 시대부터 시작되었는지 모르겠습니다.

《조선왕조실록》 정조 18년(1794) 12월 8일

규정에 따르면 왕과 왕비는 옥책, 세자와 세자빈은 죽책에다 존호를 포함한 화려하고 미려한 문장을 새겨 당사자에게 바쳤다. 이에 정조는 본래 죽책에다가 존호를 올리려 했으나 김종수가 슬며시 옥책으로 하면 좋겠다는 의견을 보인 것. 동일한 문제에 대해 채제공 역시 옥책 사용을 긍정적으로 보면서 사도세자는 존호뿐만 아니라 존호를 받는 예마저 왕과 동일한 대접을 받게 된다. 게다가 정조 입장에서는 자신이 추구하는 탕평책처럼 시파를 대표하는 채제공과 벽파를 대표하는 김종수가 그나마 옥책을 통해서라도 의견을 일치하는 모양새를 만든 만큼 100%는 아니어도 어느 정도 만족감도 얻었을 테고.

경모궁(사도세자)에 올릴 존호를 '장륜융범기명창휴(章倫隆範基命彰休)'라고 의논해 정하였다.

《조선왕조실록》 정조 18년(1794) 12월 18일

정조는 얼마 전 정한 존호 중 일부 표현이 마음에 들지 않아 다시 고치도록 명했고 그 결과 장륜융범기명창휴(章倫隆範基命彰休)가 최종적인 존호로 정해졌다. 그 결과 사도세자의 공식적인 명칭은 그동안 받은 존호를 다 합칠 경우 사도유덕돈경홍인경지장륜융범기명창휴장헌세자(思悼綏德敦慶弘仁景祉章倫隆範基命彰休莊獻世子)가 되었다. 참으로 어마어마하게 길구나.

채제공과 김종수 간 정면충돌은 정조의 적극적인 지지 덕분에 채제공의 승리로 끝났다. 이후 김종수는 사임한 고위 관료에게 주는 벼슬인 봉조하(奉朝賀)를 받은 채 사실상 적극적인 관료생활에서 은퇴하였으며, 대신 벽파 수장은 그의 후임인 심환지가 이끌게 된다. 한편 채제공 역시 상처 가득한 승리에 불과했는데, 이 일을 계기로 노론 벽파의 남인에 대한 견제가 더욱 심해졌기 때문이다. 이에 따라 채제공은 한동안 정국을 흔들 정치적 이슈보다는 정조가 맡긴 다른 임무에 집중하는데, 바로 수원화성 축조가 바로 그것이다.

화성행행도

이번 국립중앙박물관 "탕탕평평" 전시의 마지막
은 역시나 화성행행도(華城行幸圖) 병풍이 등장하는
구나. 관람객뿐 아니라 사진 찍는 사람도 더욱 많이
보인다. 다른 제목으로는 화성능행도(華城陵行圖)라
고도 부른다. 참고로 행행(行幸)은 왕이 궁궐 밖으로
나가는 모습을 의미하고, 능행(陵行)은 왕이 능을 참
배하러 가는 모습을 의미한다. 다만 이때만 하더라
도 사도세자 무덤이 현륭원이라 불렸기에 이곳을 방
문하는 행사를 소위 원행이라 했다. 개인적으로는
화성능행도보다 화성행행도가 더 맞는 표현 같다.
고종 때인 1899년에 들어와 현륭원에서 융릉으로 격
상되기 때문이다.

총 8폭으로 구성된 화성행행도 병풍은 정조가
1795년 아버지 사도세자의 회갑년(환갑과 동일한 의
미)을 맞아 산소인 현륭원을 참배하고, 아버지와 동
갑인 어머니 혜경궁 홍씨를 위해 화성행궁에서 회갑
잔치를 개최한 8일간 여정 중 특별히 중요하다 여긴
부분을 뽑아 담고 있다. 즉 해당 행사는《화성원행의

궤》라는 책으로 정리되어 있으며, 특별히 병풍까지 제작했다. 제작된 병풍은 행사의 주인공인 혜경궁을 포함한 여러 책임자들에게 나누어주었다고 한다. 아무래도 한국인이라면 모르는 사람이 거의 없는 작품일 텐데, 아무래도 학창시절 국사시간에 정조의 업적을 공부하며 교과서에서 봤을 것이다.

현재 국립중앙박물관, 리움, 국립고궁박물관이 8폭 전체 작품으로 소장하고 있으며 병풍 그림 중 일부만 낱개로 남은 경우로는 동국대학교 박물관과 리움에 각 1점씩 국내에 총 2점, 교토대학 종합박물관 5점, 도쿄예술대학 1점 등 일본에 총 6점 등이 전해지고 있다. 한편 우학문화재단이 소장하고 있던 8폭

1795년 행사를 기록한 《화성원행의궤》, 국립중앙박물관.

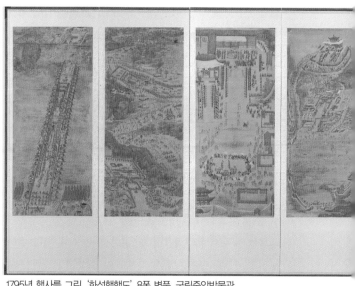

1795년 행사를 그린 '화성행행도' 8폭 병풍, 국립중앙박물관.

전체가 남아 있는 '화성행행도'의 경우 2019년 경매에 등장하여 30억 원에 낙찰되기도 했었다.

오랜만에 작품이 출품된 만큼 상세히 뜯어보며 감상해본다. 병풍 한 폭 한 폭마다 세밀하면서도 내용이 푸짐하여 볼거리로 가득하다. 그림 8폭의 그림이 구체적으로 무슨 내용을 담고 있는지 하나씩 살펴보자. 아참, 그리고 이번 기회에 《화성원행의궤》 속 동일한 행사를 그린 그림도 함께 비교해보기로 하자. 의궤 그림은 훨씬 간략하게 생략이 되어 있기 때문.

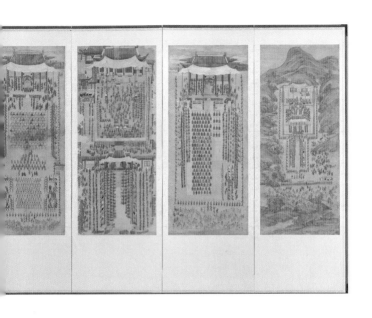

1. 화성성묘전배도(華城聖廟展拜圖)

제목의 의미를 살펴보면, 먼저 화성성묘(華城聖廟) 중 묘는 무덤 묘(墓)가 아니라 사당 묘(廟)이다. 즉 화성향교에 위치한 '성묘 = 사당'을 의미한다. 단순히 한글만 읽으면 마치 사도세자 산소를 성묘한 뜻으로 볼 수 있으나 그것이 아니다. 다음으로 전배(展拜)는 국왕이 참배하는 의식을 뜻하는 것으로 이를 다 합치면 '화성향교 내 사당에서 왕이 참배 의식

'화성성묘전배도(華城聖廟展拜圖)' 좌 병풍, 우 의궤.

을 하다' 라는 의미다. 아참, 현재는 화성향교가 아닌 수원향교라 불리고 있다. 정조는 1795년 윤달 2월 11일 오전 5~7시 사이인 묘시(卯時)에 이곳에 도착하여 해당 의식을 진행하였다.

정조가 방문할 때만 하더라도 이곳에는 공자 위패를 중심으로 성리학을 상징하는 주희 등 중국 유학자 21명의 위패와 설총과 최치원을 시작으로 송시열, 이황, 이이 등 한반도 유학자 15명의 위패가 봉안되어 있었다. 그러나 현재 수원향교에는 총 25명의 위패를 봉안하고 있는데, 조선시대와 달리 중국 유학자가 대거 빠졌기 때문이다.

당연하겠지만 국왕이 화성행사의 첫 시작으로 향교를 직접 방문한 것은 조선이 유교국가를 표방한 만큼 남다른 의미가 있었다. 불교국가였던 통일신라나 고려의 예로 본다면 국왕이 큰 행사에 앞서 사찰을 방문한 분위기와 유사하려나. 왕이 방문한 향교 주변으로는 호위 병력이 둘러싸고 있지만 그림의 가장 아래 부분에는 행사를 구경하러 나온 백성들이 보이는 게 흥미롭다. 단순한 왕실행사가 아닌 백성과 함께한 행사임을 강조한 느낌이 든다.

2. 낙남헌방방도(洛南軒放榜圖)

제목에서 낙남헌(洛南軒)은 화성 행궁건물 이름 중 하나이고 방방(放榜)은 조선시대에 과거시험 합격자를 발표하는 행사이다. 그렇게 뜻을 다 합치면 제목의 의미는 '화성 행궁건물 낙남헌 앞에서 과거시험 합격자를 발표하는 모습' 이라 할 수 있겠다.

그런데 그림 중앙에서 왼쪽 줄에 위치한 초록색 옷을 입고 어사화 꽂은 관모를 쓴 인물들은 무과 합격생이고 오른쪽 줄에 위치한 초록색 옷에 어사화 꽂은 관모를 쓴 인물들은 문과 합격생이다. 이를 통해 문과보다 무과를 월등하게 많이 뽑았음을 알 수 있다.

당시 정조는 1795년 윤달 2월 11일 진시(辰時 : 아침 7~9시)에 낙남헌에 방문하여 어머니 혜경궁의 장수를 기원하는 '근상천천세수부(謹上千千歲壽賦)' 를 문과 시험문제로 삼았는데, 채점을 하여 오후 3시 경에 총 5명의 문과 합격생을 발표하였다. 그런데 세어보니 그림 속에 표현된 문과 합격생은 12명이라고? 오호~ 눈썰미 굿. 이는 세로가 긴 병풍 그림에 맞도록 숫자를 일부러 늘려 그리다보니 그리 된 것이라 한다. 참고로 무과 또한 같은 시간 응시한 이들 중 활을 쏘아 합격생을 뽑았는데, 실제로는 총 56명이 합격했으나 병풍 그림 속에는 그보다 훨씬 많이 표현되어 있다.

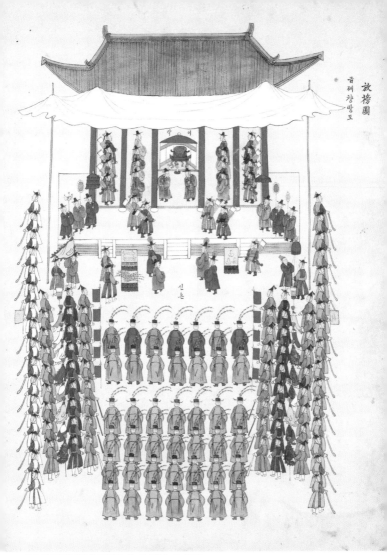

'낙남헌방방도(洛南軒放榜圖)' 좌 병풍, 우 의궤.

3. 서장대성조도(西將臺城操圖)

1795년 윤달 2월 12일 새벽 일찍 정조는 혜경궁을 모시고 1789년 이장한 아버지 산소인 현륭원에 갔다. 정조는 즉위 이후부터 아버지 산소를 무척 자주 방문하였지만, 혜경궁은 이때가 인생 처음이었다. 조선시대에는 왕실여성의 산소 참배는 거의 이루어지지 않았기에 혜경궁은 국왕인 아들의 배려로 참으로 귀한 경험을 한 것이다. 이에 비해 정조의 아버지 산소 방문은 현륭원 시절만 13회에 이른다. 흥미로운 점은 현륭원 방문은 정조와 혜경궁에게 매우 뜻깊은 행사였음에도 불구하고 병풍 그림에는 과감히 제외되어 있다는 점이다.

현륭원에서 수원화성으로 돌아온 정조는 오후 7시부터 다음날 새벽 5시까지 야간 군사훈련을 펼쳤다. 훈련에는 장용영 소속 3700명의 군사가 참가하였으며, 정조는 화성이 한눈에 내려다보이는 팔달산 정상의 서장대(西將臺)에 올라 황금갑옷을 입고 직접 군사훈련을 지휘하였다. 국왕이 있는 서장대 주변에는 2700명의 친위 군사들이 겹으로 에워쌌고, 성벽을 따라 횃불을 밝혔다. 이때 성 내 백성들도 훈련에 참여하여 횃불을 집 앞에 걸어두었다. 참고로 '서장대성조도(西將臺城操圖)'라는 그림 제목에서 성조(城操)는 성을 방어하는 훈련을 의미한다.

　다만 병풍에서는 서장대와 성문 및 성곽을 중심으로 훈련하는 모습을 묘사한 것과 달리 당시 화성은 아직 준공되지 않았다는 사실. 1794년 1월부터 시작된 공사는 1796년 8월에서야 마무리되었다. 그런 만큼 병풍 그림에서 일부러 완성된 성으로 묘사했음을 알 수 있다. 정조가 혜경궁을 모시고 방문한 시점에는 화성행궁, 서장대, 장안문, 팔달문, 화홍문, 방화수류정 정도만 완성된 시점이었기에 공정으로 치면 약 40% 정도 진행된 상황이었다.

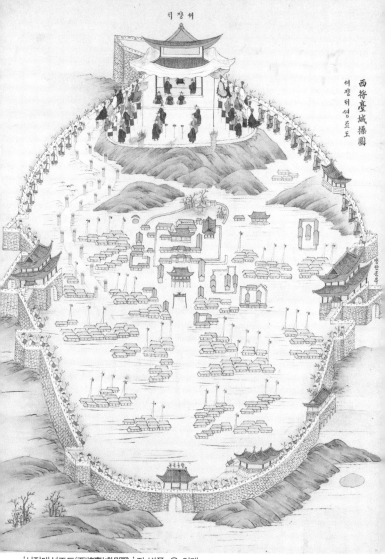

'서장대성조도(西將臺城操圖)' 좌 병풍, 우 의궤.

4. 봉수당진찬도(奉壽堂進饌圖)

1795년 윤달 2월 13일 진정(辰正) 3각, 즉 오전 8시 45분경부터 화성 행궁 봉수당(奉壽堂)에서 이번 화성 방문의 하이라이트인 혜경궁 홍씨의 회갑잔치가 열렸다.

봉수당은 화성행궁의 정전(正殿) 건물로 본래 정남헌이라 불렸으나, 정조가 이번 행사를 치르고 나서 "혜경궁의 만수무강을 기원하다."라는 뜻으로 건물 이름을 새로이 바꾼 것이다. 참고로 정전(正殿)은 경복궁 근정전과 창덕궁 인정전이 대표적으로 잘 열려져 있듯 주로 궁궐 내 공식 행사를 치르는 중요한 장소다. 정조는 이처럼 화성행궁을 상징하는 중심건물에다 어머니 혜경궁을 위한 이름을 붙인 것. 이 덕분인지 모르겠지만 혜경궁은 당시로서 꽤 장수한 나이인 81세까지 살았다. 의료기술이 발달한 요즘 나이로 치면 거의 90세 이상?

아~ 그리고 제목에 등장하는 진찬(進饌)은 조선시대에 왕이나 왕비가 육순, 칠순 등을 맞이할 때 거행한 왕실 잔치를 뜻한다. 그렇다면 '봉수당진찬도 = 화성행궁 봉수당에서 개최한 혜경궁 회갑잔치'로 해석할 수 있겠다. 특히 이번 행사에서는 혜경궁의 두 딸인 청연군주와 청선군주를 포함한 홍 씨 집안의 아내와 딸 열세 명과 8촌 이내 동성친족 남자 예순아홉 명 등이 일가친척으로 참가하여 즐거움을 함께 나누었다.

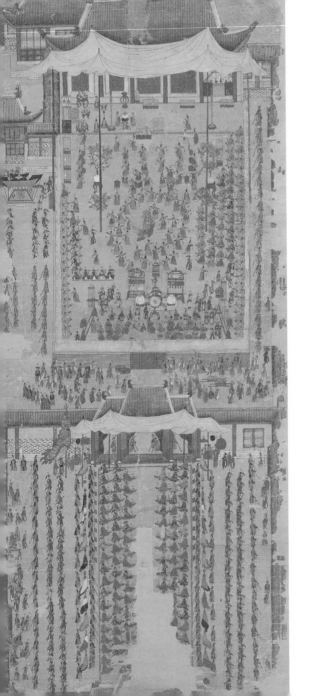

'봉수당진찬도(奉壽堂進饌圖)' 좌 병풍, 우 의궤.

5. 낙남헌양로연도(洛南軒養老宴圖)

정조는 이번 혜경궁 회갑잔치를 단순한 왕실만의 축제로 끝낼 생각이 없었다. 1795년 윤달 2월 14일 오전 8시경부터 화성행궁 낙남헌(洛南軒)에서 국왕이 직접 참여한 양로연을 개최하였는데, 그런 만큼 그림 제목은 해당 행사 모습을 잘 풀어서 설명하고 있다. 초대 받은 이는 화성에 사는 노인 384명과 이번 행사에 참여한 70세 넘는 관료 15명이었다. 이 중 단연 최고령은 화성에 살던 99세 노인이었다고 한다.

참고로 이번 행사의 주인공은 일반 백성은 나이 80세 이상 노인, 벼슬아치는 70세 이상 된 노인이었으나 올해 61세인 사람들은 특별히 이들과 함께할 수 있도록 하였는데, 이는 혜경궁과 동갑인 사람들의 회갑 역시 축하하기 위함이었다.

정조는 노란 비단 손수건을 행사에 참여한 노인들의 지팡이에 매어주었고 각각 비단 한 단(段)씩을 선물로 하사하였다. 그뿐 아니라 왕에게 올린 음식과 똑같은 음식을 참여한 노인들에게 베풀었는데, 이는 곧 국왕이 노인공경을 얼마나 중요하게 여기는지 상징적으로 보여주고자 함이었다. 한창 행사 진행 중 울타리 밖에서 구경 중인 화성에 살지 않아 양

로연에 참여하지 못한 노인들이 많이 보이자 정조는
이들마저도 행사에 초대하여 음식을 주도록 명했다.
그러자 행사에 참여한 사람들이 모두 일어나 즐겁게
춤추며 국왕을 위해 천세를 외쳤다고 한다.

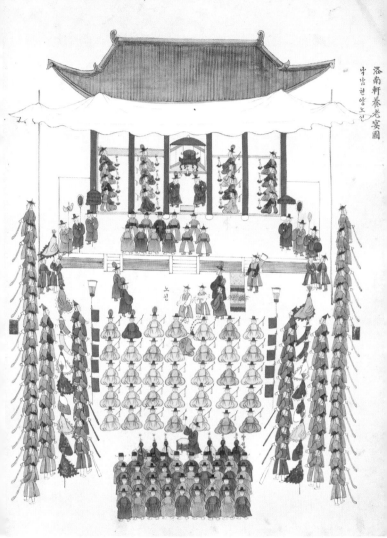

'낙남헌양로연도(洛南軒養老宴圖)' 좌 병풍, 우 의궤.

6. 득중정어사도(得中亭御射圖)

양로연을 마친 후 장안문, 화홍문, 방화수류정을 직접 둘러본 정조는 1795년 윤달 2월 14일 오후 3~5시 경인 신시(申時)부터 화성행궁 득중정(得中亭)에서 신하들과 함께 활쏘기를 하였다. 그림 제목의 '득중정어사도' 중 득중정은 건물이름이며 어사(御射)는 왕이 활을 쏘는 것을 의미한다.

이때 정조는 신하들과 활쏘기를 하여 총 60번 중 51번을 명중하면서 1등을 하였고 국왕에 이어 2등은 35번을 명중시켰다. 해가 지자 이번에는 횃불을 표적 좌우에 두고 야간 활쏘기를 진행하였는데, 여기서는 10번 중 5번을 명중하였다. 정조 왈 이날 오랜만에 활을 쏘았다고 함. 실제로 한창 화살을 열심히 쏘던 1792년 기록에 따르면 정조는 50발 중 49발, 100발 중 98발을 맞췄다고 한다. 아무리 뛰어난 실력자라도 연습을 쉬면 점수가 하락하는 건 어쩔 수 없나보다.

주야간 활쏘기가 마무리되자 마당에다 매화포(埋火砲)를 터트렸다. 이는 땅속에 화약을 묻고 불을 붙여 터트리는 방식으로 실제로는 군사훈련 중 하나였으나 마치 불꽃놀이 같은 분위기 때문인지 정조는 혜경궁까지 모셔와 군인 및 여러 백성들과 함께 매

화포 모습을 즐겼다. 흥미롭게도 해당 그림에서는 시간 전후를 따지지 않은 채 활을 쏘는 행사와 매화포를 터트리는 모습을 함께 배치하였다.

'득중정어사도(得中亭御射圖)' 좌 병풍, 우 의궤.

7. 시흥환어행렬도(始興還御行列圖)

모든 행사가 끝나고 1795년 윤달 2월 15일 아침 8시 45분경에 왕의 행차는 화성행궁을 떠나 시흥행궁으로 이동하였다. 그림 제목인 '시흥환어행렬도'는 시흥행궁으로 환어(還御), 즉 임금이 돌아가는 모습을 뜻한다. 즉 왼편 아래에 위치한 건물은 화성행궁이 아닌 시흥행궁이다. 안타깝게도 시흥행궁은 일제강점기를 거치며 현재 완전히 사라진 상황이며 주변 경관이 천지개벽한 상황이라 복원마저 쉽지 않다고 한다. 대신 시흥5동 주민 센터 내부에 시흥행궁전시관을 만들어놓았다. 혹시 궁금하신 분은 방문 추천.

그림을 감상해보니, 1㎞가 넘는 행렬을 지그재그, 즉 갈지(之) 자 형태로 표현하여 생동감이 넘친다. 그림 위쪽을 보면 붉은 옷을 입은 호위병 사이에 주변으로 휘장을 친 가마가 위치하고 있는데, 이는 혜경궁의 가마로서 식사를 위해 잠시 휴식을 취하는 모습이다. 혜경궁 가마 뒤로는 정조의 말이 위치하고 있다. 당시에는 초상화 이외에는 그림에 왕을 표현하지 않는 문화가 있어 이처럼 안장이 빈 말만 등장한 상황이다. 게다가 행렬을 구경하는 백성들의 숫자도 이전 병풍들보다 훨씬 많이 보인다. 헌데 모여 있는 백성들 중 일부는 무언가 왕에게 하소연을

'시흥환어행렬도(始興還御行列圖)' 병풍. 의궤에는 해당 그림이 없음.

하고 싶어 했으니….

> 행차를 바라보는 백성들의 마음을 헤아려보건대
> 그저 행차의 위엄을 구경하려는 것이라기보다는 뭔
> 가 은택을 입고자 기대하는 심정들이라 할 것이다.
> 그들이 이미 행차를 바라보았고 나 역시 그들을 불
> 러 물어보게 된 만큼 정말 고질적인 병폐와 제거해
> 야 할 폐단이 있다면 숨김없이 모두 진술토록 하라.

《조선왕조실록》 정조 19년(1795) 윤 2월 16일

정조는 원행길마다 백성들의 이야기를 직접 듣고
자 부단히 노력했는데, 이때 글을 아는 자는 상언(上
言)이라 하여 종이에 글을 써서 올리고 글을 모르는
자는 징과 꽹과리로 이목을 집중시키는 격쟁(擊錚)
으로 호소하도록 하였다. 이에 대한 관심이 어느 정
도였냐면 왕의 일기인 《일성록(日省錄)》에 따르면
정조는 24년 재위 기간 동안 무려 4304건의 상언과
격쟁을 들어주었으며, 이는 1년 평균 175건에 다다
랐다. 지금으로 치면 대통령이나 국회의원이 단순히
언론을 통해 국민의 삶을 파악하는 것이 아니라 수
시로 국민과 직접 만나 이야기를 듣는 모습이라고나
할까?

이러한 적극적인 소통을 통해 정조는 왕실 행사

인 원행길을 왕과 백성이 함께하는 아름다운 축제로 격상시켰으니, 현재 정치인들도 배워야 할 부분이 아닐까 싶다. 다만 의궤에는 해당 그림이 없음.

8. 한강주교환어도(漢江舟橋還御圖)

　　주교는 '舟 = 배, 橋 = 다리'이고 환어(還御)는 국
왕이 도성으로 돌아옴을 의미한다. 즉 제목을 해석
하면 국왕이 배다리를 통해 한강을 건너 도성으로
돌아오는 그림이라 하겠다. 1795년 윤달 2월 16일 아
침 6시 45분 경 시흥행궁을 출발한 정조는 길에서 여
러 백성들을 만나 이야기를 들으며 노량행궁까지 도
착한 후 점심을 먹었다. 그리고 배다리를 건너 한양
도성으로 돌아왔다. 지금의 한강대교를 배다리가 설
치된 위치로 추정하고 있다. 그림 가장 위에 있는 기
와 건물은 다름 아닌 노량행궁이라 하겠다. 안타깝
게도 일제강점기를 거치며 현재는 용양봉저정(龍驤
鳳翥亭)이라는 누각 하나만 홀로 남아 있다.

　　배다리 제도는 시경(詩經)에 실려 있으면서 역사
책에도 나와 있어 그것이 시작된 지는 오래 되었다.
그러나 우리나라는 지역이 외지고 막혀서 오늘날까
지 제대로 시행되지 못하였다. 이에 내(정조)가 그
것을 실행할 뜻을 가지고 조정에 의견을 묻고, 나이
많은 사람(父老)들에게까지 물어본 것이 참으로 부
지런하고도 정성스럽지 않은가?
　　임금의 명(命)을 백성에게 전하고 시행하는 지위

에 있는 자들이 일찍이 분·수·명(分·數·明) 석자(字)를 마음속에 두고 착수한 적이 없었다. 그러므로 그들의 일을 계획하고 처리하는 것이, 다만 대강 계획하고 건성으로 하는 것에서 나왔다.

'주교지남(舟橋指南)' 서문 1790년

한편 1790년에 완성된 '주교지남'은 배다리를 만들 때마다 주먹구구식이던 상황을 탈피하고자 필요한 과정과 순서를 정확한 수치와 절차를 통해 제시한 정책문서이다. 이를 위해 설치장소부터 강폭, 배 선정, 배 숫자와 높이 등 기술적인 면과 더불어 배를 동원하는 데 필요한 행정적인 절차 등이 상세히 기록되어 있다. 무엇보다 위 문장 중 분·수·명(分·數·明)이라는 표현은 나누고 셈하는 것을 명확하게 한다는 의미로 이를 통해 정조가 정확한 수치와 계획을 바탕으로 일을 진행하고자 했음을 알 수 있다.

실제로 '주교지남'에 따라 1795년에 제작된 배다리는 다리 사이사이를 교량처럼 연결하기 위해 불과 배 36척을 배치했음에도 효율적인 다리 건설이 가능했다. 이전에는 크고 작은 배가 많이 동원되어 다리 사이사이에 촘촘히 배치되었다. 예를 들면 연산군시절에는 무려 800척의 배가 배다리를 위해 동원되었다고 한다. 하지만 정확히 계산해보니 조운선으로

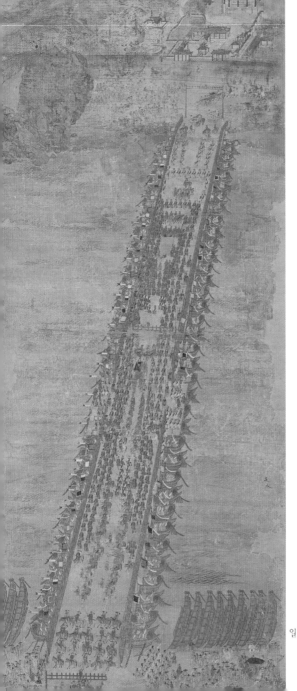

일

'한강주교환어도(漢江舟橋還御圖)' 좌 병풍, 우 의궤.

사용하는 규모가 큰 배를 뽑아 수학적으로 무게를 잘 분산시킨다면 굳이 그럴 필요까지 없었던 것. 이를 위해 다리 중앙에는 큰 배를 가장자리로 갈수록 작은 크기의 배를 배치하여 안정적인 아치형의 모습을 띄도록 했다.

그뿐 아니라 과거에는 주먹구구식으로 최대한 배를 많이 징발한 후 배다리를 만들다 필요 없을 것 같으면 그제서야 도로 돌려보내는 일도 잦았다. 이 때문에 배가 제대로 일을 못하는 기간이 수개월이나 지속되는 경우가 일상다반사였다고 한다. 이랬던 것이 국가가 소유한 배를 포함하여 수치상 필요한 배만 정확히 징발하게 되면서 일이 훨씬 간소해질 수 있었다. 배다리에 동원된 배들에게는 이후 전라도와 충청도의 세금, 즉 대동미(大同米)를 운송하는 특권을 주는 등 경제적인 이점을 주면서 불만도 크게 줄였다.

이렇듯 경비와 인력이 크게 줄어들었음에도 안정성은 높아 원행 길에 동원된 수천 명의 인원 및 말과 물자가 이동하여도 큰 문제가 없었으며, 건설된 배다리는 화성행궁으로 출발하기 전에 완성되어 정조가 한양으로 돌아온 직후 바로 해체하여 배를 사용하지 못하는 기간을 획기적으로 줄였다. 아무래도 정조의 일하는 스타일을 가장 잘 보여주는 명장면이 아닐까 싶군.

　자~ 여행의 처음이자 끝을 장식한 배다리가 8폭 병풍의 마지막을 장식하면서 병풍 속 1795년 정조의 8일 동안 행사도 마무리되었다. "탕탕평평" 전시 역시 8폭 병풍과 함께 어느덧 스토리텔링이 마무리된 듯. 이렇듯 오늘따라 정조 이야기를 특별히 주목하며 전시감상을 끝내고 밖으로 나왔다.

건륭제의 강남순행과 여러 행사

아이쿠. 허리를 굽혀 여러 그림을 오래 감상했더니 눈과 허리가 매우 피곤하네. 잠시 근처 의자에 앉아 쉬다 가야겠다. 쉬면서 정조의 수원행차를 가만 생각하다보니, 건륭제의 강남 순행이 뜬금없이 떠오르는걸.

이번 강남(江南) 행차 때에는 태후(太后)와 황후(皇后)까지 모두 동행한다고 한다.

황재, 《경오연행록(庚午燕行錄)》

황재의 《경오연행록》은 1750년 조선사신이 북경을 방문할 때의 기록이다. 인용 내용을 보면 마침 다음해 있을 황제의 첫 강남 행차 계획을 들은 듯하다. 참고로 건륭제는 '순행(巡行)'이라 하여 자신이 다스리는 영토를 직접 다니며 확인하는 것을 무척 좋아했는데, 이 중 중국 남부에 위치한 강남 순행이 특히 유명하다. 1751, 1757, 1762, 1765, 1780, 1784년 이렇게 총 6차례에 걸쳐 강남 순행을 했고 여러 흥미로

〈건륭남순도(乾隆南巡圖)〉, 비단에 채색, 제4권, '황하와 회화의 치수를 살펴보다' 중 제방 위 건륭제, 1770년, 메트로폴리탄.

운 이야기를 남겼다. 그러고보니 정조 즉위 이후에도 건륭제가 2차례나 강남 순행을 이어갔었군.

무엇보다 이 여행은 황제가 어머니인 황태후를 모시고 이동하여 큰 주목을 받았는데, 1751년 강남 순행을 시작하면서 건륭제는 황태후의 환갑을 기념하기 위함이라 발표했다. 한마디로 황제의 효심을 널리 알리겠다는 내용으로 포장한 것. 덕분에 조선에도 건륭제와 황태후가 함께 여행하는 것이 널리 알려질 정도였다.

그렇게 남다른 의미가 부여된 1751년의 강남 순행은 황제 명으로 궁정화가 서양(徐陽) 등이 서양화법을 적용해 1770년 12권의 비단 그림으로 완성하였고, 1776년에는 종이 두루마리에다 같은 그림을 구

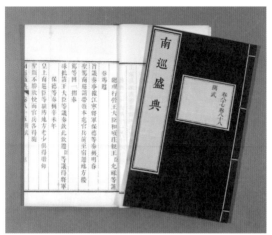
건륭제 강남순행을 기록한 의궤인 《남순성전(南巡盛典)》, 북경 국립고
궁박물원.

도와 배경 등을 조금씩 다르게 하여 12권을 추가 완
성시켰다. 즉 두 종류의 12권 기록화를 남긴 것. 남다
른 공력으로 세세히 묘사하여 방문한 지역의 풍경과
황제 행렬 분위기가 그대로 전해져 그림을 보다보면
마치 함께 여행하는 느낌을 준다. '월리를 찾아라'
아, 아니 '황제를 찾아라' 라고나 할까? 하하.

　게다가 건륭제는 강남순행 중 강을 건너며 배다
리를 탔고 지역민을 대상으로 한 특별 과거시험을
치른 데다 군사사열 및 훈련을 하고 지역노인들을
공경하는 이벤트를 펼쳤다. 더 나아가 여행 중 민생

을 직접 살피는 행동을 보였으며, '대우묘(大禹廟)'
라 하여 우왕의 사당에 황제가 방문하여 제를 올리
기도 했다. 그리고 어머니와 다녀온 여행 내용을 정
리하여 그림과 글이 함께하는 책으로, 그러니까 당
시 용어로는 '의궤'를 만들도록 했으니, 해당 의궤를
《남순성전(南巡盛典)》이라 부른다.

응, 가만? 정조가 1795년 아버지 사도세자의 환갑
을 맞아 동갑인 어머니 혜경궁 홍씨를 위해 화성행궁
에서 환갑잔치를 개최한 8일간 여정과 얼핏 구조가
유사하다. 정조 역시 현륭원 13차례 방문으로 유명한
데다 어머니와 함께한 1795년 행사 내용은 책으로 정
리하여 의궤로 남겼고 특별히 기록화까지 그리도록
하여 화원들이 병풍 8폭의 작품을 남겼다. 그뿐 아니
라 배다리, 군사훈련, 수원 지역민을 대상으로 한 특
별 과거시험, 노인공경 행사, 유교사당 참배 등등. 아
무래도 건륭제의 황태후 환갑여행을 연구하여 정조
가 혜경궁 환갑여행을 알차게 구성한 느낌마저 들 정
도. 이렇게 직접 비교해보니까 더 흥미롭네.

실제로 정조는 즉위 초부터 청나라와의 관계개선
에 무척 적극적이었다. 특히 즉위 초반인 1780년에
건륭제 70세 축하를 위해 사신을 파견하면서 황제의
조선에 대한 매우 긍정적인 반응을 이끌어낸 바 있
다. 그뿐 아니라 건륭제 즉위 50년, 건륭제 80세 행사

때에도 정조는 특별한 관심을 두어 사신을 파견하고 청나라에서 건륭제와 관련한 행사를 구체적으로 어떤 내용으로 어떻게 개최했는지 사신으로부터 보고받아 상세히 알고자 했다.

예를 들면 정조는 1785년에 즉위 50년이 되는 건륭제가 이를 기념하는 행사를 개최하며 나이든 이들에게 연회를 베풀고, 공자를 모신 사당에 직접 방문한 것을 북경으로 파견된 사신으로부터 보고받았다. 이를 참고하여 정조 역시 1795년 수원화성으로 가서 공자를 모신 사당에 인사를 하고 수원화성 행궁에서 혜경궁에게 60세 잔치를 행한 후 다음날에는 낙남헌(洛南軒)에서 나이든 이들에게 행사를 베풀었다. 즉 건륭제의 어머니와 강남순행 + 즉위 50주년 행사는 나름 1795년에 개최된 수원화성 행사의 모델이 되었던 것이다.

한편 건륭제의 후궁 중에는 조선계 여인도 있었는데, 숙가황귀비 김씨가 바로 그 주인공. 그는 17세기 전반 만주로 귀화한 조선인 집안 출신으로 건륭제 사이에 아들 4명을 낳았으며 오빠 김간은 청나라에서 최종적으로 종1품 고위직에 오를 정도로 황제의 신임을 받았다.

같은 날 통관 금복귀(조선계 만주인)가 찾아와

조선역관들에게 말하였다.

"병부시랑 김휘와 호부시랑 김간은 곧 나의 아저씨인데, 늘 황제(건륭제)를 가까이서 모시고 있으므로 그저께 밤 당신들의 말을 황제께 전하였습니다. 어젯밤에는 나를 불러 말하기를, '우리들은 본디 조선인의 후손으로 중국에 들어와 벼슬하며 대대로 높은 관직에 올랐다. 너 역시 지금 통관의 직무를 맡아보고 있으니, 어찌 근본을 잊을 수 있겠는가? 마땅히 전례를 선별하여 조용히 아뢰어야 할 것이니, 몇 년의 전례를 써야 좋겠는가? 네가 책임자와 상의하여 오너라.' 라고 하였습니다."

조선역관들이 대답하기를,

"두 대인과 당신이 힘을 다해 생각함이 이와 같으니 실로 깊은 감동을 받았습니다. 그러나 이는 조정에서 논의할 것이며, 더구나 황은에 달린 것이라, 우리가 어찌 감히 몇 년의 전례를 가지고 말할 수 있겠습니까? 다만 옹정 6년의 사례(이인좌의 난)가 가장 비슷할 것 같으니, 그 일을 가지고 주선해주면 실로 다행이겠습니다." 라고 하였다.

김간의 누이가 황제의 총애를 받은 후궁이었는데 몇 년 전에 죽은 뒤 이들에게 총애가 옮겨갔으므로, 이들이 중간에서 힘을 쓸 수 있는 것이라 한다.

이갑, 《연행기사(燕行記事)》

조선에서는 정조의 즉위를 막았던 홍인한과 정후겸을 반역자로 제거한 내용을 1777년 사신을 통해 청나라에 알렸는데, 이 중 홍인한이 정조 외할아버지의 동생인지라 아무래도 청나라에서 어떻게 받아들일지 걱정이었다. 왜 집안 혈족이 국왕의 즉위를 반대한 데다 죽임까지 당했는지 황제가 괜히 관심을 가지면 골치 아프니까. 그런데 숙가황귀비 김씨의 오빠인 김간이 중간에 힘을 써 황제로부터 별다른 이야기가 나오지 않도록 처리해준다.

조선은 본래부터 제후(諸侯)의 법도를 정성껏 지켰고, 또 두 칙사가 하는 말을 들건대, 새 임금의 거동에 예절이 있다기에, 짐(건륭제)이 매우 아름답게 여겼었다. 생각하건대, 그 반역을 음모한 자들은 권문귀족 중에 거리낌 없이 함부로 하는 부류로서 왕(정조)의 총명함을 꺼리어 몰래 괴이한 도모를 하려고 생각한 것이다. 반역을 음모하는 주모자가 어찌 대국(大國)과 소국(小國)의 구별이 있겠느냐?

《조선왕조실록》 정조 2년(1778) 3월 3일

실제로 김간의 노력 때문인지 몰라도 건륭제는 조선 사신을 만난 자리에서 새롭게 조선 국왕이 된 정조를 한껏 높여준 채 홍인한 등의 반역자는 권력

건륭제의 후궁인 숙가황귀비 김씨(淑嘉皇貴妃 金氏).

을 탐한 무리라 비판할 정도였다.

　이렇듯 청나라에는 조선계 만주인 관료가 적극적으로 활동 중이었으며 이들 덕분에 조선은 외교적으로 여러 도움을 받으면서도 청나라 황실과 조정의 여러 중요한 정보를 확보할 수 있었다. 당시 조선이 청나라의 정보를 얻는 다양한 루트 중 하나라 할 수 있겠다. 지금 기준으로 본다면 대한민국이 외교를 위해 미국의 재미교포 출신 고위관료와 접촉하고 이들을 관리하는 것과 유사하다고나 할까?

　이제 충분히 쉰 만큼 박물관 이곳저곳을 더 돌아보다 집으로 가야겠다.

3. 용주사와 서양화법

용주사 대웅보전 삼세불회도

오랜만에 용주사에 들러 삼배 후 대웅보전 삼세불회도(三世佛會圖)를 감상하고 있다. 지금 시간은 오전 9시 20분. "탕탕평평" 전시를 본 후로 밤낮으로 정조가 떠올라 오늘은 마음을 다잡고 아침 일찍 내가 사는 안양에서 출발했다. 혹시 내가 전생에 정조를 지근거리에서 모시던 신하 중 하나였나? 헉 설마 내시는 아니었겠지.

사실 1호선을 타고 출근시간에 오느라 좀 힘들었다. 작가로 살면서 출근시간을 경험하기란 쉽지 않은데, 급한 마음에 하하. 오면서 느낀 거지만 수원이 참 큰 도시다. 수원역에 도착하자마자 수많은 사람이 내리고 타는데. 우와! 인파가 안양역과 범계역의 3배는 되어 보임. 그렇게 더 남쪽으로 이동하다 병점역에서 버스로 갈아타고 이곳까지 왔다.

불화 중앙에는 이 세계의 석가모니불이 오른쪽에는 동방 정유리 세계의 약사불이 왼쪽에는 서방 극락세계의 아미타불이 등장한다. 회화 속 부처님의 간단한 구별법은 다음과 같다.

용주사 대웅보전 '삼세불회도'. ©Park Jongmoo

1. 석가모니불의 경우 왼손은 무릎 위에 두고 오른손은 내리어 땅을 가리키는 손 모양을 하고 있다. 해당 포즈를 마왕으로부터 자신의 깨달음을 증명하는 모습이라 하여 항마촉지인(降魔觸地印)이라 부른다. 2. 다음으로 약사불은 왼손에 약통을 들고 있어 구별하기 매우 쉽다. 3. 마지막으로 아미타불의 경우 관세음보살 및 대세지보살과 함께 등장하곤 하는데,

이 중 관세음보살은 머리에 쓴 모자부터 옷까지 전체적으로 백색이라 여러 보살 중에서도 유독 눈에 금방 띈다. 그렇게 관세음보살을 찾았으면 바로 그 위에 계신 분이 아미타불이라 하겠다.

이렇듯 공간(世)을 달리하는 세 분의 부처가 등장하기에 소위 '삼세불회도'라 불린다. 다만 이 작품은 평면적인 묘사를 지닌 일반적인 불화와 달리 등장인물마다 입체적인 명함이 돋보이는데다, 위치에 따라 인물들의 공간감이 다양하게 표현되어 그런지 무척 인상적이다. 무엇보다 부처님 얼굴을 자세히 보면 실제 사람 얼굴을 보고 그린 듯 대단히 생동감이 느껴진다. 짙은 색감이 마치 유화로 그린 서양화처럼 다가온다고나 할까?

흥미로운 점은

1. 지금은 사라진 1825년에 편찬된《용주사사적기》에 "대웅전보탑 불탱 삼세여래체화원 연풍현감 김홍도(大雄殿寶榻佛幀三世如來體畵員廷豊縣監金弘道)"라는 기록이 있었다는 것. 한마디로 삼세불회도가 충청북도 괴산의 연풍현감인 김홍도가 그린 작품이라는 의미다. 정확히 따지면 김홍도는 1791년 12월부터 1795년 1월까지 연풍현감으로 지냈었다.

2. 그뿐 아니라 용주사 공사 보고서가 담긴《수원

지령등록(水原旨令謄錄)》에는 "불상후불탱을 감동(監董)한 전 찰방 김홍도, 절충 김득신, 전 주부 이명기"라는 기록이 등장한다. 즉 1790년에 도화서 화원 김홍도, 김득신, 이명기가 용주사 창건 당시 불상 뒤에 위치할 불화, 즉 삼세불회도를 감동했다는 것으로, 여기서 감동이란 작업 상황을 감독했다는 의미다.

3. 더해서 1790년 10월 용주사를 준공하고 대웅보전 닫집에 보관했던 원문(願文)에 따르면 "민관, 상겸, 성윤 등 25인의 승려가 그림을 그렸다."라는 기록이 있어 25명의 화승이 불화를 그렸음을 알 수 있다. 참고로 닫집이란 대웅전 내 부처 조각과 불화 바로 위로 보이는 기와형태의 집 모형을 말하는데, 용주사의 닫집은 용이 강조된 형태다.

여기까지 총 3가지 기록을 조합해보면 1790년에 25명의 화승이 동원되어 불화를 그렸는데, 도화서 화원 김홍도 등 3명이 파견되어 이를 감독했음을 알 수 있다. 물론 말이 감독이지 그림의 중요부분은 직접 그리기도 했을 것이다. 그렇다면 왜 이 과정에서 유달리 서양화법이 강하게 느껴지는 '삼세불회도'가 그려졌을까? 궁금해지는걸.

정조와 불교

대웅전에서 나와 사찰을 걸으며 구경한다. 용주사는 1789년 사도세자 무덤을 이장하면서 정조가 원찰(願刹) 개념으로 1790년에 창건했다. 여기서 원찰이란? 창건주가 1. 자신의 소원을 빌거나 2. 죽은 사람의 명복을 빌기 위하여 건립한 사찰을 의미한다. 그렇게 1번과 2번 목표의 사찰은 통일신라나 고려시기 크게 성행했으며 조선시대에도 이는 마찬가지였다. 대표적인 예로 조선 성종의 선릉(宣陵)을 위한 원찰인 봉은사를 들 수 있다. 요즘이야 서울 강남을 상징하는 사찰로 더 유명하다지만.

헌데 유교국가인 조선에서 아버지에 대한 효심으로 사찰을 건립한 정조가 불교에 특별한 관심이 있었다는 사실을 혹시 아시는지? 조선 역대 왕들 중에서 불교에 심취한 인물로는 태조, 세종, 세조 등이 대표적인데, 정조가 이들과 버금갈 정도였다.

정조는 성리학을 바탕으로 한 유학을 정통사상으로 여기면서도 불교에 대해 큰 호감을 가졌다. 반면 도교와 천주교에 대해서는 반감을 보였다. 도교는 "속임수와 기교가 많다.", 천주교는 "가정과 국가에 화를 미친다."라는 인식이 있었다. 이 중 천주교의 경우 용주사가 건립된 다음 해인 1791년, 부모 신주를 불태운 충격적인 사건이 발생하면서 완전히 돌아서게 되는데, 역대 어느 왕 중에서도 효를 강조하던 정조 입장에서 결코 용납할 수 없는 사건이었던 것.

"일찍이 법화경의 지혜를 들은 일이 있는데, 게송의 의미가 유학 다음의 명문이다. 유학의 명문은 진실로 범어의 게송이다."

"유학을 공부하는 자는 선(禪)의 이치를 몰라서는 안 된다."

"불교의 대부모은중경(大父母恩重經)은 게송으로 깨우침이 절실하고 간절하여 중생을 손잡고 인도하여 극락에 오르도록 하니, 우리 유교의 조상의 은혜를 갚으며, 인륜을 돈독하게 하는 취지와 딱 들어맞는다."

놀랍게도 위의 말을 한 인물이 다름 아닌 정조라는 사실. 정조의 글과 말을 모은 문집인《홍재전서

(弘齋全書)》에 등장하는 내용이다. 게다가 1795년 용주사에 부처를 봉안하면서 '봉불기복게(奉佛祈福偈)'라는 불교식 게송을 정조가 직접 지어 하사하기도 했는데,

清淨廣嚴飾(청정광엄식)
청정하고 광대하며 장엄하게 꾸며
重重壯佛居 (중중장불거)
거듭 부처님 처소를 웅장하게 한다.
我有優曇鉢(아유우담발)
나에게 우담발이 있으니
萬四千大書(만사천대서)
일만 사천 게송을 크게 쓰도다

여기에는 우담발이 자신에게 있다는 게송이 포함되어 있다. 우담발은 우담바라라고 불리기도 하며 전륜성왕이 이 세상에 나타날 때마다 피는 전설적인 꽃으로 알려져 있다. 이것이 자신에게 있다는 의미는? 정조 = 전륜성왕?

뿐만 아니라 정조는 '봉불기복게(奉佛祈福偈)' 내용 중 불교 경전인 《장아함경》을 인용하면서

금륜왕이 왕가에서 태어나 재계를 받아 지니고

높은 대전에 오르자 신료들이 보필하며 도왔다. 홀연히 동방에 금륜보(金輪寶: 금으로 된 수레바퀴)가 나타나더니 묘한 광명이 퍼지며 금륜왕의 처소로 왔다. 왕이 가고자 하면 곧 금륜보가 굴러서 금륜왕이 이르는 곳마다 따라다니며, 여러 천하에 널리 인민을 격려하고 십선도(十善道: 불교의 계)를 닦게 하였는데, 이를 금륜이라 한다.

라 적은 부분이 있는데. 이를 미루어 볼 때 마치 정조는 장아함경 속 "동방 = 조선", "왕가에서 태어난 금륜왕 = 정조"처럼 인식했던 모양. 그런데 금륜왕 = 전륜성왕을 의미하므로 이 또한 참으로 의미심장하다.

물론 자신이 전륜성왕임을 보여주기 위해 아예 불화의 주인공으로 등장한 건륭제에 비하면 정조의 표현은 순한 맛처럼 다가오지만, 그럼에도 불구하고 정조의 불교에 대한 관심이 흥미롭게 다가온다. 아~ 맞다. 혹시 전륜성왕 개념이 궁금하신 분은 《일상이 고고학: 나 혼자 국립중앙박물관》 책을 읽어보시길. 삼국시대에 크게 유행하던 전륜성왕에 대해 상세한 설명이 나온다. 여기서는 대략 '불경에서 불국토를 이룩한 왕 = 전륜성왕' 정도로만 이해하고 넘어가자. 한마디로 불교세계관에서 이상적으로 보는 왕의

건륭제를 문수보살의 화신인 전륜성왕으로 묘사한 불화, 북경 국립고
궁박물원.

모습이다.

여기까지 살펴보았듯 정조의 불교에 대한 인식은 단순한 관심 정도가 아니라 오랜 시간 동안 불교경전을 깊게 읽고 느낀 바를 바탕으로 하고 있었다. 아무래도 사후세계에 대한 설명이 부족한 성리학의 세계관에서는 죽음과 내세, 특히 아버지 사도세자에 대한 슬픔을 완전히 해결할 수 없었기에 신앙적 차원에서 불교를 일부 수용한 듯싶다. 실제로 정조의 불교와 관련된 주요 관심사는 정치적인 목적을 지닌 전륜성왕을 제외하면 대부분 사도세자와 연결되어 근심, 망자, 악업제거, 영험, 정토왕생, 효 등이었다. 지금 기준으로 보면 기복사상을 바탕으로 한 불교라 할까?

불교에 대한 우호적 관점은 정조의 정치적 파트너였던 채제공도 유사했다. 채제공은 예전부터 유교와 불교 교리의 유사함을 강조한 데다 정조의 명에 따라 별 고민 없이 용주사 상량문도 지었다. 다른 유학자나 관료 같았으면 비록 왕의 명일지라도 간곡한 표현으로 거절했겠지. 그뿐 아니라 그의 부인은 독실한 불자였으며 본인 역시 젊은 시절부터 여러 스님들의 비문을 써주기도 하였다. 해월대사, 봉암대사, 문곡대사, 상월대사, 설파대사 등의 당대 이름난 승려의 부도비 문장이 바로 채제공의 작품이다.

《불설대보부모은중경판(佛說大報父母恩重經板)》. 용주사가 소장하고 있으며 글과 함께 단원 김홍도의 그림이 새겨져 있다.

그러했기에 채제공은 천주교 역시 경전을 접해보곤 단순히 불교의 별파로 여겨 한동안 묵인했던 것이다. 하지만 정조와 마찬가지로 1791년 부모 신주를 불태운 충격적인 사건 뒤로 천주교와 거리를 두었다.

용주사 건립 후 정조는 불교경전 중 하나인 《부모은중경》을 경판으로 만들며 김홍도에게 밑그림을 그리도록 하는 등 남다른 정성을 들였는데, 당연하게도 불경 지원은 사도세자에 대한 효심을 표현하는 방식이었다. 게다가 이를 한문본뿐만 아니라 한글본

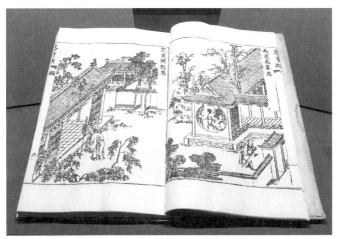

《불설대보부모은중경판》 중 '생자망우은(生子忘憂恩)' 부분.

으로도 제작하도록 하여 보다 많은 사람이 접하고
읽을 수 있도록 하였다. 그렇게 완성된 경판을 용주
사로 보내 보관하고 책을 찍도록 하였으니, 현재 용
주사 효행박물관에서 만날 수 있다.

　아, 그렇지. 이 부분 설명을 안 할 뻔했네. 용 용
(龍) + 구슬 주(珠)라는 사찰 이름 또한 정조가 직접
지은 것이다. 정조 실록에 따르면 사도세자가 용이
구슬을 안고 들어오는 태몽을 꾼 후 정조가 태어났
다는 기록이 있으며, 당시 좌의정이었던 채제공이
지은 용주사 상량문에는 "아~ 대궐의 임금이 처음으
로 사찰의 이름을 내리신 것은 평상시 부처의 덕을

갚고자 한 까닭이다."라는 부분이 등장한다. 그렇게 정조는 가까운 무덤에 계신 아버지의 혼을 위로하기 위하여 사도세자가 꾼 태몽, 즉 정조를 상징하는 스토리를 바탕으로 사찰 이름을 정했다. 그런 만큼 용주사는 정조 그 자체를 상징하고 있었다.

결국 유교 세계관 속 정조는 성리학을 존중하는 조선 왕이지만, 불교 세계관 속 정조는 아버지 명복을 빌며 사찰을 건립하는 전륜성왕이기도 했던 것. 이렇듯 남다른 의미를 지닌 사찰인 만큼 정조는 대웅전의 불화 역시 기존 작품들과 구별되는 특별한 무언가를 보여주고 싶었으니….

연행사와 천주당

  용주사 효행박물관에 들러 여러 소장품을 살펴본
다. 오호, 앞서 정조의 불교 이야기를 하며 언급했던
여러 유물들이 이곳에 전시되어 있구나. 정조와 채
제공의 글씨도 볼 수 있고 말이지. 그런 만큼 용주사
필수코스라 하겠다. 왕실이 적극 지원한 만큼 18세
기 한반도 불교 미술의 진수(眞髓)가 바로 이곳에 모
여 있다. 예를 들면 8세기 한반도 불교 미술을 대표
하는 불국사, 석굴암 등의 개념으로 이해한다면, 용
주사는 18세기 한반도 불교 미술의 진수라 할 수 있
겠다.

  여러 작품을 감상하다보니 뜬금없이 연행사가 떠
오른다. 지금 내가 마치 18세기 조선으로 여행 온 사
신 같은 느낌이라 그런가? 하하.

  아~ 맞다. 이해를 위해 연행사가 무엇인지 설명부
터 해야겠다. 연행사(燕行使)란 연경(燕京)으로 파견
된(行) 사신(使)을 뜻한다. 여기서 연경은 북경의 또
다른 표현으로 그렇게 18세기만 하더라도 총 172회
의 북경 방문이 있었는데, 사실 연행이라는 말부터

차별적인 표현이다. 과거 명나라로 사신을 파견할 때는 똑같은 북경을 가더라도 조천(朝天)이라 표현했다. 당연히 당시 조선 사신은 조천사(朝天使)라 불렀다. 이는 조선이 명나라를 소위 천자국이라 여겼기 때문이다. 반면 청나라는 오랑캐가 운 좋게 천하를 얻었다고 여겼기에 격을 낮추어 단순히 연행이라 했다.

하지만 청나라가 강희제 – 옹정제 – 건륭제로 이어지며 명나라 전성기를 훌쩍 능가하는 탄탄한 국력을 보여주자 여진족의 중국 지배를 인정한 채 청나라의 문화와 농업 기술 및 상업 발달 등을 적극적으로 배워 조선을 개혁할 필요가 있다는 주장이 나오게 된다. 이러한 분위기는 실학이라는 학문에 특히 많은 영향을 주었는데, 17세기 이수광과 유형원을 시작으로 18세기 들어오면 이익, 이중환, 유수원, 박지원, 홍대용, 이덕무, 정약용 등이 실학을 대표하는 인물이다. 그뿐 아니라 이와 같은 주장을 하는 이들은 노론, 소론, 남인 등 당파를 가리지 않고 등장했다.

그 결과 18세기 초반에서 후반으로 시간이 흐르면 흐를수록 조선 사신들의 청나라 문화에 대한 관심은 꾸준히 높아졌다. 마침 청나라 역시 중국 전역을 장악한 뒤로는 견제 심리가 약해지면서 이전에 비해 조선에 대한 대우가 훨씬 좋아지고 있었다. 청나라 황제마저 조선사신을 다른 국가의 사신들에 비해 유달리 우대해주기 시작했으니까.

하지만 실학에도 한계가 분명했는데, 여전히 조선에서는 청나라에 대한 반감과 성리학의 명분론을 기반으로 한 소중화 사상이 대세였기 때문이다. 이에 따라 국왕인 정조의 경우 속마음은 실학을 주장하는 이들을 적극적으로 등용하여 대대적인 국가개혁에 나서고 싶어도 여론의 눈치를 어느 정도 볼 수밖에 없었다. 소위 말하는 속도조절이 바로 그것.

한편 연행사에 뽑힌 이들 중 새로운 문물에 특별히 관심이 많던 문인들의 경우 북경에 들르면 꼭 가보고 싶어 하는 장소가 있었는데, 그곳은 다름 아닌 천주당(天主堂)이었다. 요즘 사용하는 친숙한 용어로 바꾸어본다면 성당이겠군. 명나라 때부터 이미 북경에는 천주당이 있었지만, 청나라 들어와 황제들의 특별한 관심으로 북경에는 북당, 남당, 동당, 서당 이렇게 4개의 천주당이 크게 번성하고 있었다. 조선인들에게 그곳은 중국에서 만날 수 있는 작은 유럽이기도 했다.

천주당 벽 위에 천주상이 그려졌는데, 한 명은 붉은 옷을 입고 구름 가운데 서 있고, 곁에 6명은 구름

기운 속에서 출몰하였다. 어떤 이는 전신을 어떤 이는 반신을 드러내고, 어떤 이는 구름을 헤치고 얼굴을 드러내거나 몸에 양 날개가 돋친 이도 있다. 눈썹·눈·수염·머리카락 등이 마치 산 사람 같았으며, 코는 높고 입은 움푹 들어갔고 손과 다리는 볼록하게 솟아올랐다.

옷은 주름져 아래로 늘어선 것이 마치 잡아당기거나 구부릴 수 있을 것 같다.

이기지, 《일암연기(一菴燕記)》

강희 연간 이후로 우리나라 사신이 연경에 가서 더러 그들이 있는 집에 가서 관람하기를 청하면, 서양 사람들은 매우 기꺼이 맞아들이어 그 집안에 설치된 특이하게 그린 신상(神像: 천주교 회화) 및 기이한 기구들을 보여주고, 서양에서 생산된 진기한 물품들을 선물로 주었다. 그러므로 사신으로 간 사람들은 선물도 탐낼 뿐더러, 그 이상한 구경을 좋아하여 해마다 찾아가곤 하였다.

홍대용, 《담헌연기(湛軒燕記)》

덕분에 100여 종에 달하는 조선 문인의 18세기 연행록(燕行錄), 즉 북경 여행기 중 북경의 천주당 방문 기사가 무려 27종의 연행록에 등장할 정도였다. 무엇보다 이들은 그곳에서 천주당 내 벽화를 보고 크게 놀랐으니, 유화로 그려진 마치 살아있는 듯 묘사된 그림을 통해 그동안 익숙하던 동양화와 완전히 다른 분위기를 느꼈다. 한마디로 압도되었다고나 할까?

실제로 17세기 연행록에는 천주당 방문 기록을 거의 찾을 수 없고, 19세기에는 조선에서 천주교 탄압정책이 본격화되면서 천주당 방문 역시 눈치상 쉽지 않아졌기에 이는 18세기만의 독특한 분위기라 할 수 있겠다. 그렇게 18세기 조선 사신들은 천주당에서 현지화된 서양인을 직접 만나고 이들과 한자를 통한 필담으로 대화까지 하였다. 그뿐 아니라 천주당으로부터 서양의 여러 물건을 선물로 받아오면서 조선도 점차 유럽이라는 저 먼 장소를 어렴풋이 이해하기 시작한다. 받아 온 선물은 실로 다양했으니, 서양 악기, 서양 칼, 서양 그림, 포도주, 동판화, 자명종, 망원경, 천문학 서적, 지도, 그리고 성경책 등등이다.

건륭제께서 장차 내년 정월에 천수연을 마련하려 하니, 금년 겨울에 우리 사신 중에 나이가 일흔인 사람을 충원해서 보내어 연회에 참석케 한다고 한다.

김락서, 《호고재집(好古齋集)》

이런 분위기에서 김홍도의 스승으로 잘 알려진 예술가이자 문인인 강세황이 1784년 10월 연행사로 뽑혀 북경을 방문할 수 있었는데, 당시 청나라에서는 큰 축제를 준비 중이었다. 1785년에 건륭제 75세와 더불어 즉위 50주년을 기념한 천수연(千叟宴), 즉 나이든 이들과 함께하는 축제를 열고자 한 것.

그런 만큼 조선에서도 나이 60 이상인 관료를 특별히 뽑아 천수연에 보내라는 연락이 왔기에 정조는 나이를 더 올려 잡아 70이 넘는 노론 명문가의 이름난 문인인 이휘지(1715~1785)와 소북계 남인인 강세황(1713~1791)을 각각 정사와 부사로 삼아 사신으로 파견하였다. 건륭제(1711~1799)와 거의 엇비슷한 나이를 지닌 관료를 보냄으로써 조선에 뛰어난 노신들이 많이 있음을 보여주고자 한 모양이다. 실제로 건륭제는 본인 스스로 문화와 예술을 즐긴 데다 선도적으로 문화유행을 이끌기도 한 인물이었다. 특히 시와 서예를 직접 쓰고 감상하기를 좋아했기에 건륭제를 위한 축제인 만큼 아무래도 사신 역시 그에 걸맞는 능력자가 필요했던 것이다.

정조의 뜻대로 강세황은 조선을 대표하는 예술인답게 청나라에서 눈부신 활약을 했으니, 훌륭한 시와 서예를 선보임으로써 건륭제의 칭찬까지 받았다. 그뿐 아니라 틈틈이 청나라 문인들과도 필담을 통해

豹菴姜公七十一歲眞

御製贊文

珠儓糧捆糧璃寶燁擇兄萬紙內屏宮俊
物官不冷三絕則虛止框華圖西標瘗兄
才難之思薄時是官 臣元夏浮書

이명기, 강세황 초상화, 1783년, 국립중앙박물관.

예술적인 교류를 이어갔다. 그의 활약이 조선 측에서도 만족스러웠는지 시일이 흘러 건륭제의 즉위 55주년을 축하하는 사신 파견 때가 되자 채제공은 "가까운 때 시를 잘하는 이가 사신으로 오겠지."라는 황제의 시를 거론하며 강세황에 준하는 실력을 지닌 인물을 선발해야 한다고 주장할 정도였다.

> 천주당은 인간의 기궤(奇詭)한 장관을 가지고 있었다. 다만 내가 이공린(송나라 화가)과 문징명(명나라 화가)의 정묘한 필력이 없어 그것의 만분의 일이라도 그리지 못한 것이 한스럽다. 이 이후에 혹 그림을 잘 그리는 자가 천주당에 이르러 그 건물의 웅장하고 깊숙한 모습을 그려 나의 부족함을 보충하는 것이 깊은 소망이다.
>
> 강세황, '수역은파첩(壽域恩波帖)'

다양한 문물에 관심이 많던 강세황은 노년의 나이임에도 새로운 것에 관심을 이어가 사신으로 파견된 김에 그 유명한 북경의 천주당에 들렀다. 그런데 본인이 화가로 활동할 정도로 남다른 실력이 있었지만 천주교 벽화 수준에 크게 놀라며 다음에는 자신보다 뛰어난 실력을 지닌 인물이 이곳에 들려 이곳 그림을 공부할 필요성이 있다는 말을 남긴다.

김홍도와 이명기를 이번 행차에 거느리고 가야
하는데, 원래 배정된 자리에는 넣을 방도가 없습니
다. 그러니 김홍도는 신(臣: 이성원)의 군관(軍官)으
로 거느리고 이명기는 이번에 차례가 된 화원 이외
에 더 정해서 거느리고 가는 것이 어떻겠습니까? 하
여 그대로 따랐다.

《일성록》 1789년 8월 14일

　　강세황의 소원은 결국 이루어졌으니, 1789년이
되어 정조는 정사 이성원이 이끄는 연행사에 화원
김홍도, 이명기를 특별히 합류시켜 파견한 것이 아
닌가? 두 사람은 동시대 조선을 대표하는 최고의 실
력을 지닌 화원이었는데, 연행사를 다녀오자마자 김
홍도, 이명기 모두 1790년에 용주사 대웅보전 삼세
불회도 제작에 참여했으므로 음, 상황이 묘하게 맞
아 떨어지는걸.

낭세녕과 서양화법

그럼 청나라에 서양화법이 도입되는 과정을 잠시 알아볼까? 도입과정 중 천주교가 큰 역할을 맡았기에 아무래도 그 부분부터 이야기를 시작해야겠다.

16세기 유럽의 종교혁명으로 천주교가 큰 위기에 직면하자 반성과 혁신을 위해 예수회가 창설되었다. 특히 "위에서 아래로(from the top down)"라는 포교전략에 따라 사회적으로 영향력이 큰 엘리트층을 공략하기 위해 유럽 각지에 대학을 설립하고 인문학적 교육에 집중하는 등 문화지원에 매우 적극적이었다. 이 방식은 해외포교에서도 적극 활용되었다. 국내에서는 음, 1960년 설립된 서강대학교가 예수회 학교다.

예수회의 한국 진출은 조선 말쯤이라 꽤 늦은 편이었지만, 중국에는 약 440년 전인 1584년에 진출하였는데, 이때 중국 고위층을 대상으로 포교활동을 펼치면서 유화책으로 공자와 조상에 대한 숭배, 즉 제사문화를 지역 고유문화로 인정하였다. 그리고 명나라를 대신하여 청나라가 등장하자 청 황제와 더욱 긴밀히 교류한 끝에 1692년 청나라 내에서 천주교가 합법적인 종교로 인정받는 '관용 칙령'이 발표되기에 이른다. 이 과정에서 선교사를 통해 서양화법도 서서히 중국 내에 알려지기 시작했다.

이처럼 중국 내 선교활동이 생각 외로 잘 진행되어가던 중 로마 교황청이 1704년 들어와 공자와 조상에 대한 제사문화는 우상숭배라는 의견을 내면서 큰 충돌이 벌어졌다. 청나라 조정은 이를 자국문화에 대한 도전이자 분란으로 여겨 중국 내 대부분의 선교사를 추방하였고, 더 나아가 가톨릭 포교활동마저 금지시켜버렸다.

이로써 청나라 황실의 천주교에 대한 인식은 '긍정적인 중립'에서 '노골적인 거부감'으로 완전히 돌아섰다. 그럼에도 불구하고 청나라 황제들은 예수회 선교사들이 지닌 유럽 기술과 문화에 대한 관심이 여전히 컸기에 청나라를 돕는 이들에 한하여 궁궐에 특별히 남도록 명했다. 사실상 선교사가 아닌 특정 분야에 뛰어난 장인 취급을 받게 된 것이다. 천주당 또한 포교 기능은 엄격히 제한된 채 황제의 넓은 아량과 청나라에 귀의한 또 다른 세계를 상징적으로 보여주는 공간으로 활용되었다.

그러던 어느 날 이탈리아 출신 예수회 선교사인 중국식 이름으로 낭세녕(郎世寧, 1688~1766), 본명 주세페 카스틸리오네(Giuseppe Castiglione)가 1715

낭세녕, '팔기군 열병식에 참석하는 29세 건륭제', 북경 국립고궁박
물원.

년 청나라에 파견되었는데, 그가 도착할 당시 중국은 천주교에 대한 인식이 이미 차가워질 대로 차가워진 상황이었다. 그런 만큼 낭세녕은 처음부터 포교를 다시 시작한다는 생각으로 자신의 주특기인 서양화를 적극 활용하여 우선 청나라 궁정화가가 되었다. 궁중화가로서 황제와 친밀한 관계를 유지하다 기회를 봐서 중국 내 천주교의 선교활동이 가능하도록 설득시키는 것이 예수회의 계획이었으니까.

안타깝게도 건륭제가 낭세녕의 의도를 알고 철저히 무시하였기에 예수회의 원대한 계획은 실패로 돌아갔지만, 그럼에도 불구하고 그의 궁정활동은 서양화법이 중국에 널리 알려지는 중요한 계기가 되었다. 그는 북경의 여러 천주당 벽화도 그린 데다, 중국에서 서양화법을 그릴 줄 아는 제자도 여럿 키웠다. 대표작으로는 마치 유럽 왕실 회화처럼 건륭제를 표현한 기마상을 비롯한 황실 초상화 및 동양화와 서양화를 결합한 묘한 분위기의 회화 등 여러 점이 남아있다.

건륭제는 단순한 초상화를 넘어 자신의 업적, 즉 정치적인 목적을 지닌 그림까지 낭세녕에게 그리도록 하였다. 신장-위구르 지역에 있던 몽골의 준가르 부족을 청나라가 정벌한 내용을 담은 '평정서역전도(平定西域戰圖)'가 대표작이다.

'평정서역전도', 동판화 16장 중 하나, 대만 고궁박물원. 그림 한 폭
마다 시(詩)가 한 점씩 배치되어 있다.

和落霍澌之捷

令春我師勘進夷首戰賓和落霍
澌斬將寧擒早報捷酬勞頒賫已
有差即令生餘俘因至日漲摣特
寧桑伊散秋大臣曾授職乃敢倡
亂如馳騁面尚彼阿敢敗故咋舌
惟歌天奪其威衆稽有千鎗騎覘
知我寡設計音輶重遠行譎我逐
層_伏賊擽險峨官軍四百始馳
孟少騎示弱山我進彼乃乘
洶集銃敵如兩縃環施我軍曾無
一傷者百靈擁護信有之衝鋒突入
矢齊蔟賊乃喪臘紛頽披震壤彼
種名進令大蹂張軍威蹙彼
屍僵近四百負傷通者無斃是誠
天助額手慶奮勇兼六資人爲問
車軍者其人誰起勇覡王家聲貽
將寧者北中范起勉其翼將扮之其
覡成策北甲鼙起坐翼翼戈其
爵封剙貝勒市以賞勇倩
賜師起畱心

戊寅孟秋月作澂筆

'자광각사연도(紫光閣賜宴圖)', 북경 국립고궁박물원. 중국 화원인 요문한(姚文瀚)의 작품으로 건륭제가 참여한 1761년 행사를 서양화법과 중국화를 결합한 형식으로 그렸다.

(청나라) 예부의 공문에 "5일에 조선 사신 중 정사와 부사는 자광각(紫光閣)의 연회에 참석하라."고 하였기 때문에 그날 신들이 자광각 밖에 가서 대기하고 있었는데, 날이 훤히 밝자 황제가 황옥교(黃屋轎: 황제의 가마)를 타고 나왔습니다. 신들은 자광각 밖 의장으로 쓰는 병장기 쪽에서 맞이하였습니다. 황제가 어좌에 오르자 음악을 연주하며 놀이를 펼쳤습니다.

《조선왕조실록》 정조 7년(1783) 2월 27일

'평정서역전도' 는 낭세녕을 포함한 4명의 선교사

가 1760년에 제작한 16폭의 대형작품이다. 건륭제는 이를 자금성 서쪽 근처에 위치한 자광각(紫光閣)의 내부에 벽화로 설치한 채 이곳에서 자국 내 연회를 개최하곤 하였다. 그러다 1782년부터 조공국 사신도 자광각에서 개최하는 새해맞이 행사에 참여시키면서 이후 조선 사신의 자광각 방문은 정조 시대 동안 거의 매년 이어졌다. 덕분에 일부 연행록에는 자광각 벽에 설치된 그림을 보았다는 기록이 남아있다. 아~ 그렇지, 1785년 연행사로 북경을 방문한 강세황 역시 자광각에서 개최한 새해맞이 행사에 참여했었다.

그 결과 서양화법으로 그려진 작품이 천주당을 넘어 황제의 권위를 상징하는 모습으로도 선보이고 있다는 정보가 정조에게 그대로 입수되지 않았을까? 안타깝게도 청나라 말기 서양의 약탈로 인해 자광각 내 거대벽화는 사라진 상황이다.

여기서 더 나가 건륭제는 자광각 내부에 설치한 '평정서역전도' 벽화를 축소하여 서양식 동판화로 제작할 것을 명했다. 자신의 업적을 여러 사람들과 적극적으로 공유하고 싶었나보다. 이에 따라 1764년 낭세녕이 자신이 그린 벽화를 축소하여 다시 그린 그림을 광동 주재 프랑스 동인도 회사를 통해 프랑스 파리로 이송시켜 동판화로 제작하였다. 그렇게 제작된 200세트의 동판화는 낭세녕이 죽은 이후인 1772년부터 1775년까지 순차적으로 청나라로 들어 왔으며 건륭제는 이 중 101세트를 황실가족 및 공을 세운 신하들에게 선물로 주고, 나머지는 사찰 및 궁궐에 나누어 보관하도록 하였다.

전도(戰圖)는 그림이 16폭이고 시(詩)가 16폭이 며, 또 (다른 전도는) 그림 16폭에 시를 윗부분에다 썼는데, 황제가 이리(伊犁) 지방 및 회자(回子)와 대 금천(大金川) 소금천(小金川)을 평정한 뒤, 그 싸우 는 과정과 항복을 받아내는 상황을 그림으로 그리고 시를 지어 붙여서 무공을 나열해놓은 것이었습니다.
《조선왕조실록》 정조 14년(1790) 2월 20일

동판화가 완성되고 시간이 흘러 1789년, 정조는 이성원이 이끄는 연행사에 김홍도, 이명기를 합류시켜 북경에 보냈다. 그런데 이성원이 이끄는 사신단 역시 거대벽화가 장식된 자광각의 행사에 참여한 데다, 건륭제가 이번에는 조선 사신에게 16폭으로 된 '평정서역전도' 축소판인 동판화까지 선물로 주는 것이 아닌가? 이와 동시에 쓰촨 지역에서 벌어진 반란을 정벌한 내용을 담은 '평정양금천전도(平定兩金川戰圖)' 동판화 16폭도 함께 선물로 주었는데, 해당 판화는 1777년부터 1781년까지 청나라에서 자체 기술로 제작한 유럽식 동판화였다.

　　뜻하지 않게 놀라운 선물을 받은 이성원은 조선사신이 북경을 떠나 조선으로 돌아간다는 소식을 조정에 빠른 인편으로 알리는 김에 동판화 16폭 중 각각 1폭씩을 모사하여 정조에게 먼저 보냈다. 마침 사신단과 함께하던 김홍도와 이명기가 이를 즉시 모사했겠지. 덕분에 조선을 대표하는 화원 두 사람은 동판화 속 서양기법을 바로 마주하며 모사하면서 그 기법을 상세히 배울 수 있었다. 가만히 살펴보면 '평정서역전도'에 등장하는 인물의 명암표현과 용주사 대웅보전 '삼세불회도' 인물의 명암표현이 참으로 유사한 느낌이 든다. 여기까지 이야기를 따라가보니 낭세녕은 자신도 모르는 새 조선 회화에도 큰 영향을 미쳤구나.

초상화와 서양화법

　용주사 효행박물관 밖으로 나왔다. 오호라, 박물관 앞으로 홍살문과 삼문이 잘 보이네.

　홍살문은 기둥을 붉게 칠하고 위에다 화살모양과 삼지창을 배치하여 나쁜 액운이 들어오지 못하게 하는 의도로 세우는 것으로 주로 행궁, 관아, 능, 사당 앞에서 볼 수 있다. 삼문 또한 주로 궁궐, 행궁, 관청, 사당에서 정문으로 사용하는 것으로, 홍살문과 삼문 모두 사찰에서 흔히 볼 수 있는 형식은 아니다. 게다가 용주사는 궁궐이나 관청처럼 문 옆으로 행랑이 길게 배치되어 있는데 이것도 특이점이다. 이는 국왕 행렬이 왔을 때 바깥에서 보이지 않도록 행랑 안으로 수용하고자 만든 것이다.

　이처럼 용주사는 일반적인 사찰과 달리 삼문과 홍살문, 행랑 등이 있다. 국왕이 방문할 것을 예상하고 마치 궁궐이나 관청 디자인처럼 사찰을 만들었기 때문이다. 오죽하면 처음 용주사가 만들어졌을 때에는 사천왕문마저 없었는데, 근래 들어 사천왕문이 만들어졌다고 한다.

용주사의 홍살문과 삼문, 그리고 길게 배치되어 있는 행랑. ⓒHwang Yoon

　　가마를 타고 재실 북쪽 문을 나가 동쪽 산기슭을 거쳐 구불구불 주봉(主峰)에 올라가서 식목이 잘 되어 있는지를 직접 살펴보았다. 이어서 지나는 길에 용주사(龍珠寺)에 들렀다가 잠시 뒤에 말을 타고 출발하였다.

《일성록》 정조 15년(1791) 1월 17일

　　실제로도 정조는 용주사 건립 3개월 뒤인 1791년 1월에 현륭원을 참배하고 나서 용주사를 잠시 방문하였다. 이는 왕의 일기로 잘 알려진《일성록(日省

錄》에 나오는 기록이다. 반면《조선왕조실록》에는 이때 정조가 현륭원을 방문했다는 기록 외에는 상세한 활동이 언급되지 않는데, 사료를 정리, 집필하는 과정에서 조선이 유교국가인지라 왕이 사찰을 방문했다는 내용을 의도적으로 뺀 것으로 보인다. 사실 정조가 용주사를 들른 것은 17세기 이후 국왕이 원찰에 들른 첫 사례였다. 당연하게도 어떤 각도로 보느냐에 따라 사회적으로 엄청난 파급력이 있을 수밖에.

그렇게 용주사에 들른 정조는 김홍도 등이 감독한 용주사 대웅보전 '삼세불회도' 도 감상했을 텐데, 과연 기분이 어떠했을까? 그동안 북경으로 파견된 연행사를 통해 천주당과 자광각에 장식된 서양화법의 벽화를 익히 들어왔지만 이번에 조선을 대표하는 화원인 김홍도, 이명기를 굳이 북경으로 보내는 수고로움까지 더하여 조선에도 어쨌든 유사한 화법으로 커다란 크기의 불화가 그려졌으니 말이다.

아무래도 김홍도, 이명기는 북경에서 사신으로 머무는 기간 동안 청나라의 다양한 회화기법을 접하고 고민, 연구하는 시간을 가졌을 것이다. 그 과정에서 북경 천주당 벽화 또한 두 화공이 직접 확인하지 않았을까?

현직과 전직 규장각 신하들을 불러 만나보고 어진(御眞)을 그리는 일을 길일을 택해서 거행하도록 명하였다. 이보다 앞서 규장각이 아뢰기를,

"어진을 그리는 일을 10년마다 거행하는 것은 일찍이 선대왕 때 정해진 규정이며, 신축년(1781)에 전교하시기를 '선대왕 때 이미 시행한 규례를 따르고 오늘날 계승하는 뜻을 부여하여 지금부터 10년마다 한 벌씩 그리되, 송나라 때 천장각(天章閣: 책이나 그림을 보관하는 장소)에 어진을 봉안한 예에 따라 규장각(奎章閣)에 봉안하라.' 하셨는데, 올해가 그 차례에 해당됩니다. 교지를 내리시기를 아룁니다."

하였는데, 이때에 와서 허락하였다.

《조선왕조실록》 정조 15년(1791) 9월 21일

한편 '삼세불회도'를 완성시키고 난 후 김홍도와 이명기는 다시 한 번 중요한 임무를 명받는다. 1791년 정조의 어진을 그리게 된 것이다. 이때 이명기는 왕의 얼굴을 김홍도는 왕의 옷과 어좌 등을 그렸는데, 현재 정조의 어진이 남아 있지 않아 안타깝지만 어떤 형식의 그림이었는지 어느 정도 유추는 가능하다.

오재순(1727~1792)은 홍문관대제학, 예문관대제학, 이조판서 등을 역임한 노론 학자로서 정조가 특

별히 아낀 인물이다. 그런데 1791년, 그러니까 정조의 어진이 그려진 바로 그 해에 오재순 초상화가 그려졌으며 게다가 작가 역시 이명기로 동일했다. 이때 정조 어진은 총 4점이 제작되면서 이명기가 얼굴을 그리되 김홍도를 비롯해 한종일, 김득신, 이종현 등 여러 화원이 함께 참여한 작품이라 이명기 혼자 그린 오재순 초상화와 격이 다르지만 어쨌든 비슷한 시점 그려진 초상화인 만큼 1791년 제작된 정조 초상화의 모습을 유추하기에 딱 안성맞춤이라 하겠다.

당시 이명기는 김홍도보다 10살 정도 어린 나이임에도 불구하고 초상화를 그리는 실력만은 더 높이 평가 받았기에 정조 얼굴을 묘사하는 가장 중요한 임무를 맡을 수 있었다. 물론 그가 왜 그리 주목받았는지는 오재순의 얼굴 묘사를 보면 단박에 알 수 있다. 그림 속 오재순의 얼굴은 명암기법을 통해 입체감이 크게 강조된 데다 눈을 세밀한 표현으로 그려 마치 살아있는 사람처럼 번득일 정도다. 그렇다. 이것은 다름 아닌 서양화에서 영향 받은 기법이다. 게다가 얼굴은 완벽하게 정면을 보고 있어 인상적인데, 이러한 표현은 주로 중국 초상화에서 보이는 디자인이다.

대표적으로 건륭제의 정면을 응시한 초상화를 보면 알 수 있다. 반면 조선에서는 초상화를 그릴 때 몸

이명기, 오재순 초상화, 1791년, 리움미술관.

과 얼굴을 오른쪽으로 약간 튼 모습으로 많이 그렸다. 이해하기 쉽도록 감상 포인트를 설명하자면 초상화 주인공의 코를 주목하여 보면 된다. 1. 코가 1자 형태면 정면 그림. 2. 코 옆 부분이 보이면 옆으로 조금 튼 형태의 그림.

이렇듯 조선에서도 정면을 그린 초상화가 18세기 들어오며 자주 등장하였고, 이 역시 중국으로부터 영향 받은 결과였다. 무엇보다 중국으로 간 조선 사신이 중국 화원에게 초상화를 부탁하여 그린 경우 정면상이 대부분이었다. 이런 그림들과 함께 여러 청나라 초상화가 자연스럽게 조선으로 유입되면서 정면 초상화가 늘어나게 된다. 아, 게다가 매년 파견되는 연행사마다 화원이 동행하였기에 이에 따른 영향도 있었겠지.

이명기의 서양화법에 따른 얼굴 그리기 역시 중국으로부터 영향 받은 결과다. 예를 들면 '평정서역전도' 벽화가 설치된 자광각에는 건륭제의 명으로 전쟁에서 공을 세운 인물들의 초상화가 함께 전시되어 있었는데, 한때 280여 점의 공신화가 걸려 있었다고 한다. 그만큼 화공들이 총동원된 국가적인 대형 프로젝트였지. 안타깝게도 이 역시 청나라 말 혼란기를 겪으며 대부분 사라지고 그나마 남은 20여 점마저 독일, 일본, 미국 등지로 흩어졌다. 중국에는 겨

낭세녕, 건륭제 즉위 초 초상화, 북경 고궁박물원.

자광각 내 '공신도', 1760년, 메트로폴리탄(왼쪽), 텐진(天津)박물관
(오른쪽).

우 2점 정도만 남아 있다.

　흥미로운 점은 등장인물의 포즈가 기존 초상화와
달리 무척 역동적이며 다양한데다 일부 초상화는 마
치 서양화법에 영향을 받은 듯 명암이 뚜렷한 얼굴
표현에 동양화 스타일의 복장을 보여주고 있다. 이

와 같은 표현이 조선에도 점차 영향을 미치던 차에 18세기 후반 들어 이명기처럼 한 단계 더 높은 수준의 사실적 표현이 가능한 화가마저 등장한 것이다. 사실상 동시대 청나라 일류 화원과 비교해도 뒤지지 않을 아니, 그 이상의 초상화 작업이 가능한 작가였다.

그렇다면 1791년 그려진 정조 초상화 역시 이와 유사하게 서양화법을 적극적으로 응용하여 사실성이 극대화된 얼굴을 보여주고 있으리라 충분히 짐작할 수 있겠군. 무엇보다 이명기가 청나라를 다녀온 직후 더욱 자신 있게 그려진 작품이 다름 아닌 정조의 어진이었을 테니까. 지금까지 남아 있었다면 차원이 다른 사실적인 묘사력을 보인 초상화로서 국보 중 국보라 불렸을 텐데. 참으로 아쉽군.

여기까지 살펴보았듯 정조는 집권중반에 들어와 청나라 문물을 더욱 적극적으로 받아들여 조선의 모습을 새롭게 일신할 생각을 하고 있었다. 이에 따라 아버지 사도세자를 위한 사찰에는 서양화법으로 묘사된 불화를 걸었고, 자신의 초상화 역시 서양화법이 적극적으로 적용된 형식으로 그리도록 하였다. 즉 왕실예술부터 새로운 도전을 보임으로써 조선 예술 전체에 새로운 바람을 불어넣고자 한 것이다.

4. 융건릉

버스를 타고

용주사 구경을 끝내고 버스 정류장에 서 있는 중. 정류장에 버스 도착시간이 실시간으로 나오니 여행하기 참으로 편하군. 여기서 수원화성까지 한 번에 가는 버스가 30분 뒤 도착이로구나. 저 버스 외에는 중간에 적어도 한 번은 갈아타야 해서 귀찮은데…. 그럼 이렇게 해야겠다. 지금 곧 도착하는 버스를 타고 근처 융건릉에 들러 약 25분 안에 구경을 끝내고 그곳에서 수원화성 팔달문으로 한 번에 가는 버스를 타야겠다. 오케이~ 스케줄 완성.

버스를 타고 창밖으로 동네를 구경하니, 안 와본 몇 년 사이에 신도시처럼 아파트가 쭉쭉 들어섰네. 길도 확장되어 넓어지고 말이지. 이처럼 오랜만에 방문하여 그 사이 변한 모습을 보다보면 참 재미있다. 10년이면 강산도 변한다는 말이 참으로 마음에 와닿는다. 버스는 금세 도착하여 융건릉입구 정류장에서 내렸다. 지금부터 25분 카운트다운 시작.

융건릉 앞에는 여러 음식점이 인기리에 운영 중이다. 한정식, 보쌈, 삼계탕, 칼국수, 순대국, 추어탕 등등. 수년 전 주말에 왔을 때도 가게들이 사람으로 미어터졌던 기억이 난다. 이런 음식점의 모습은 20년 전에도 마찬가지였던 것 같다. 정조를 좋아해서 어릴 적부터 종종 이곳을 방문했었거든.

그런데 요즘은 카페나 빵집이 중간중간 여럿 생기면서 변화된 모습이 눈에 띈다. 특히 이곳뿐만 아니라 다른 조선 왕릉 입구 주변으로도 카페나 빵집이 많이 생겼다. 이 역시 강산이 변한 모습이라 할 수 있을까.

티켓을 구입하고 융건릉으로 들어섰다. 입구 바로 앞에 있는 역사문화관으로 먼저 이동.

사도세자와 융릉

전시관 크기는 작지만 이곳 왕릉에 대한 사진과 상세한 설명이 적혀 있으니 방문하면 여러 모로 도움이 된다. 조선 왕릉 입구마다 이처럼 역사문화관을 설치하여 관람객의 이해를 높이는 모습이 마음에 쏙 든다. 설명 부분 중에 조선 왕릉 분포도 지도가 흥미롭다.

오호, 그동안 의식하지 않아 몰랐는데 대부분의 능이 서울과 경기도 북부에 위치하고 있구나. 경기도 남쪽으로는 유독 거리가 먼 곳인 수원에 정조와 사도세자의 능이, 여주에 세종대왕과 효종의 능이 있을 뿐이다. 어쨌든 대한민국에 있는 조선 왕릉들은 숙종 대에 단장한 단종 능을 제외하면 오랜 시간을 들여 모두 다 방문한 적이 있기에 남다른 자부심이 있다. 음, 단종 능은 왜 안 갔을까? 글쎄.

전시관 설명을 빠르게 읽고 밖으로 나왔다. 아무래도 인기가 높은 주인공인지라 평일임에도 꽤 많은 사람들이 보인다. 길을 따라 쭉 걸어가다보면 양 갈래 길이 나온다. 오른쪽 길로 가면 사도세자를, 왼쪽

융릉. 이장 끝에 최종적으로 사도세자가 잠들어 있는 상소다.

길로 가면 정조를 만날 수 있다. 그럼 사도세자부터
만나러 가볼까? 시간이 급하니, 빠른 걸음으로 더욱
힘을 내자.

　사도세자의 무덤은 현재 융릉(隆陵)으로 불리고
있다. 즉 현릉원(顯隆園)의 원에서 융릉의 능으로 한
단계 더 업그레이드가 된 것이다. 다만 융릉이 된 시
점은 1899년으로 정조 사후 무려 99년이나 흐른 뒤
였다.

　사실 1789년 이곳으로 아버지 산소를 옮길 때만
하더라도 정조에게는 원대한 꿈이 있었고, 이를 위
해 세자의 묘인 원(園)임에도 그 격은 왕릉에 거의
버금가도록 만들었다. 예를 들면 원에는 문인석 2개
만 가능하고, 능에는 문인석 2개 + 무인석 2개로 총 4
개의 석물이 배치될 수 있는데 현릉원에는 왕릉처럼

문무인석 4개가 세워졌다는 사실. 이 외에도 여러 격식을 왕릉처럼 구성해놓았는데, 마치 언제든 아버지를 왕으로 승격시킬 준비가 된 모습이랄까.

다만 정조 자신은 영조와의 약속으로 인한 제약이 있었기에, 그런 제약과 무관한 자신의 아들 대에 사도세자를 왕으로 추숭시키길 원했다고 전한다. 그러나 그의 꿈은 시간이 흐르고 흘러 1899년 10월에야 이루어졌으니, 고종이 대한제국을 선포하는 과정에서 사도세자를 장종(莊宗)으로 추존한 것. 드디어 정조의 꿈대로 사도세자는 왕이 되었고 현륭원에서 융릉으로 무덤 이름도 승격된다.

그런데 여기서 더 나아가 1899년 12월, 고종의 4대조 황제추존으로 인해 사도세자는 장조(莊祖)의 황제(莊祖懿皇帝)가 된다. 아예 왕을 넘어 황제가 된 것이다. 정조의 원대한 계획에 전혀 없던 성과였다. 아, 맞다. 이때 정조도 황제로 추존되어 선황제(宣皇帝)로 불리게 되었는데 우리에게 익숙한 정조라는 명칭도 이때부터 등장하였다. 본래 정조의 묘호는 정종(正宗)이었으나 황제가 되면서 비로소 정조(正祖)로 변경되었다는 사실.

어느덧 융릉에 도착. 저 언덕 위로 사도세자와 혜경궁이 함께하고 있구나. 그러나 무덤 위로는 올라갈 수 없기에 그 아래 정자각을 중심으로 사진 몇 장

영조(53세) 초상화 모사본, 1900년, 국립고궁박물관.

을 찍어본다. 이야~ 사진이 꽤 잘나오는걸? 역시 왕
릉 뷰는 사진 찍기에 너무 좋단 말이지.

한편 정조는 아버지 무덤을 새로 조성한 후 재실
(齋室), 즉 제사를 지낼 때 필요한 여러 준비를 하는
건물 안에다 1791년에 이명기, 김홍도 등이 그린 자
신의 초상화 4점 중 군복 입은 모습을 그린 1점을 걸
어두었다. 이 당시 초상화는 자신의 또 다른 분신처
럼 여겨질 만큼 중요하게 여겨졌기에 정조는 아버지
를 곁에서 모시는 감정으로 초상화를 재실에 걸어두
었다고 할 수 있겠다. 그만큼 사도세자 무덤이 지닌
권위 역시 크게 높아졌다. 왕의 초상화로 왕의 분신
이 함께하는 장소로 인식되었으니까.

이는 정조의 할아버지인 영조가 어머니 숙빈 최
씨의 사당 옆에다 건물을 짓고 1744년에 그려진 자
신의 53세 초상화를 걸어둔 것을 따라한 행동으로,
원본은 사라졌으나 1900년 들어와 해당 초상화를 그
대로 모사한 것이 현재까지 운 좋게 남아 있다. 대중
들에게도 꽤 유명한 곤룡포를 입고 있는 영조 초상
화가 바로 그것. 이처럼 정조와 영조는 왕이라는 신
분을 십분 활용하여 자신의 부모가 지닌 신분적 한
계를 채우고자 노력하였다. 자식이 왕이기에 그 권
위를 직간접적으로 부모에게 입히는 방법이었지.

아까 방문한 역사문화관 바로 옆 기와건물로 된

재실은 정조 능을 위한 재실이고 안타깝게도 정조 초상화가 걸렸던 사도세자를 위한 재실은 현재 사라진 상황이다. 과거에는 능마다 재실이 하나씩 배정되었다. 자~ 감상을 끝내고 되돌아가야겠다. 이번에는 정조를 만나러~

정조와 건릉

스마트폰으로 현재 버스 위치를 꾸준히 확인하며 걷고 있다. 거리상 아직까지는 시간 여유가 있지만, 더욱 걸음을 재촉할 필요가 있겠군. 꽤 걸어가야 정조 능에 도착하니까. 아~ 그래. 드디어 이 이야기를 할 차례가 왔구나. 지금은 사도세자와 정조의 능이 있어 마치 숲 또는 공원처럼 느껴지는 이곳이지만 능이 만들어지기 전에는 사람이 살던 장소였다는 사실.

영의정 김익이 아뢰기를,

"원소(園所: 국왕의 아버지 무덤, 즉 원(園)이 될 장소)를 이제 이미 결정하였으니, 수원 읍치(邑治) 옮기는 일을 잠시도 늦출 수 없습니다."

하니, 상이 이르기를,

"수원이 비록 경기도에서 약간 충실한 고을이라고는 하지만 이미 나라의 역(役)를 맡았는데, 다시 무슨 힘이 있어 고을을 옮길 수 있겠는가. 옮겨야 할 민가(民家)가 얼마나 되는가?"

하자, 김익이 아뢰기를,

"200여 호는 될 것 같습니다."

《조선왕조실록》 정조 13년(1789) 7월 13일

영의정 김익, 좌의정 이성원, 우의정 채제공, 관상
감 제조 김종수 등이 이장할 장소를 미리 방문해보
니 수원 읍치, 즉 관청과 함께 그 주변으로 대략 민가
200호가 살고 있었던 것이다. 나중에 더 정확히 숫자
를 알아보니 총 319호가 살고 있었다. 그런데 수원관
청 뒤편 자리가 다름 아닌 풍수지리 평에 따르면 "반
룡(蟠龍)이 여의주를 희롱하는 형국"이었다고 한다.
여기서 반룡이란 땅에 서려 있어 아직 승천하지 않
은 용을 의미하니, 한마디로 최고의 명당이라는 뜻.
게다가 정조의 태몽과 용주사라는 사찰 이름과도 일
맥상통한다.

그런 만큼 관청과 마을 사람들을 옮기기 위한 비
용이 추가로 들어갈 수밖에 없었고, 이를 위해 중앙
재정과 왕의 재산인 내탕금이 보충되어 일이 진행되
었다. 다만 집을 이주하는 사람들에게 집터를 예상
가격보다 3~4배 쳐주었기에 별 문제 없이 이사했으
며, 기존 관청건물 역시 재실(齋室) 건물로 적극 재
활용하여 추가로 들어가는 비용을 가능한 줄이고자
노력했다. 물론 앞서 이야기했듯 구 관청이자 현륭

원 재실은 일제 강점기를 거치며 사라졌다.

수원 백성들에게 국왕이 유시하기를,

"이 고을의 화산(花山: 현륭원이 위치한 산)은 원래부터 영기(靈氣)가 모인 곳으로서, 그 형상은 서린 용(龍)이 구슬을 가지고 노는 모습이고, 그 땅은 천 리를 가다가 한 번이나 만날까 말까 한 곳이어서, 원침(園寢)으로 의논하여 정하고 드디어 천봉하는 예식을 거행하였다.

따라서 이 고을은 바로 나의 조상이 묻혀 있는 고을이고, 너희들은 이 고을의 백성들이다. 나는 너희들을 마치 한 식구처럼 여기면서 먹을거리를 넉넉하게 하고 산업을 풍부하게 함으로써, 생활에 안주하고 생업을 즐기는 방도를 알게 해줘야, 나의 책임을 다하고 나의 생각을 풀 수 있을 것이다. 더구나 이전할 지역으로 정한 처음부터 너희들에게 끼친 수고 또한 크다고 여긴다. 이런 생각이 떠오를 때마다 몸은 대궐에 있은들 어찌 마음이 편안하겠는가.

새 고을 소재지에 이르러 경영한 것을 두루 둘러보건대, 집들이 즐비하게 늘어서고 거리가 질서 정연하여 엄연히 하나의 큰 도회를 이루었으니, 너희들이 수고하고 애쓴 것을 또한 미루어 생각할 수 있다. 여느 행차 때에도 오히려 은택을 베푸는 법인데,

하물며 이 고장의 이 백성들에게야 더 말할 것이 있
겠는가."

《조선왕조실록》 정조 13년(1789) 10월 11일

그렇게 관청과 민가가 있었던 장소는 새로운 수
원읍치, 즉 관청이 되었는데, 그곳이 지금의 수원화
성 위치다. 지금이야 성이 있는 곳은 수원, 능이 있는
곳은 화성 등으로 행정구역이 나뉘지만 과거에는 이
모든 것이 수원 영역이었다. 그리고 정조는 새로 조
성된 현륭원을 참배한 직후 수원사람들에게 아버지
를 모시는 지역으로서 이제부터는 수원사람들은 나
의 식구와 다름없다는 표현을 할 정도로 큰 관심을
두었다. 이를 미루어 볼 때 정조에게 수원은 마치 마
음의 고향과 같은 장소로 다가온 듯싶다.

세월이 흘러 1800년에 정조가 승하하자 수원을
매우 사랑한 만큼 이 근처에다 능을 만들었으니, 이
를 건릉(健陵)이라 부른다. 정조와 그의 정비인 효의
왕후가 합장된 무덤으로서 높은 지대를 따라 올라가
자 드디어 보인다. 능에는 접근할 수 없기에 마찬가
지로 정자각을 중심으로 하여 사진을 찍어본다. 오~
사도세자의 융릉보다 사진이 더 잘나오는데!

다만 정조의 능은 한 번 이장이 된 상황으로 처음
에는 사도세자 현륭원으로부터 지금보다 훨씬 가까

정조 초장지에서 출토된 부장품. 이장할 때 두고 간 물건들이다.

운 장소에 능이 조성되었다. 현륭원에서 불과 400m 남쪽 아래였다. 나름 죽어서도 아버지 근처에서 함께하겠다는 굳은 의지가 느껴진다. 그러나 1821년 정조의 정비인 효의왕후가 세상을 뜨자 합장하는 과정에서 기존 능의 터가 좋지 않다는 주장이 나와 현재의 위치, 즉 현륭원에서 서쪽으로 550m 정도 위치로 이장되었다.

그럼 여기까지 구경을 마치고 버스 정류장으로 이동하자. 스마트폰을 보니 버스가 벌써 용주사에 도착했네. 거의 뛰는 걸음으로 가야겠구나.

송시열이 본 미래

급한 걸음으로 거의 뛰듯 움직인다. 아무리 뛰는 것에 자신이 있다지만, 너무 타이트한 계획을 짜서 고생이다. 고생이야. 다행히도 버스 정류장에 도착하자마자 버스가 바로 도착하는군. 휴! 융건릉에서 사진 한 장만 더 찍으며 지체했어도 놓칠 뻔했네. 버스는 수원화성 팔달문까지 한 번에 가므로 의자에 앉아 가쁜 숨을 고르고 피곤한 다리는 쉬게 해야겠다.

그렇게 나 홀로 버스를 탄 채 한참을 이동한다. 너무 사람이 안 타서 기분이 묘하다. 나름 사람으로 붐비는 수원대학교 정류장에서도 아무도 안 타네. 오호라, 그럼 나 혼자 버스에 탄 채 정조에 대한 이야기나 더 이어가볼까.

상(上: 현종)이 이르기를
"이번 (효종의) 산릉 문제에 대해 좌참찬 생각은 어떠한가?"
하니, 송시열이 아뢰기를,

"막중한 일을 신이 맨 먼저 이의를 제기했었는
데, 그 후 여러 신하들이 계속 상소를 올려 지금까지
도 결정이 되지 않고 있으니 참으로 황공합니다. (중
략) 수원부(水原府)에는 언제나 6, 7000의 병마가 주
둔해 있고, 지리적 여건도 3남(三南: 충청도, 전라도,
경상도)의 요충 지대에 해당되므로 만약 변란이 있
게 되면 틀림없이 싸움터가 될 것입니다. 그리고 지
금 수백 호의 민가를 일시에 철거하고 분묘들을 옮
기고 생업을 깨트린다면, 그에 따른 원한과 탄식이
국가의 기운을 해칠 것입니다.

《조선왕조실록》 현종 즉위년(1659) 6월 30일.

해당 기록은 17세기 중반 효종 능을 어디에 만들
까를 두고 현종과 신하들이 나눈 대화내용이다. 실
제로 사도세자가 묻힌 현륭원은 광해군시절에는 선
조 능으로, 현종시절에는 효종 능으로 사용하려던
장소였다는 사실. 이전부터 풍수지리적으로 유명한
명당 중 명당이었나보다.

그러나 광해군과 현종시절만 하더라도 임진왜란
과 병자호란 등으로 전쟁이 끝난 지 얼마 지나지 않
은 시절인 데다 국고마저 부족하여 민가 수백 호와
관청을 옮길 엄두를 내지 못했다. 그 결과 선조는 구
리의 동구릉 중 하나인 목릉(穆陵)으로, 효종은 여주

송시열 초상화, 국립중앙박물관.

의 영릉(寧陵)으로 갈 수밖에 없었다.

　아~ 참고로 여주의 영릉은 세종대왕 능으로 유명
하지만 효종의 영릉과는 한자가 다르다. 세종대왕의
영릉은 '英陵' 임. 이곳은 대부분의 조선왕릉과 달리

계단이 설치되어 있어 봉분까지 누구든 올라갈 수 있는데, 세종대왕을 가까이서 만나고 싶은 사람이 워낙 많다보니 이리 되었다. 덕분에 왕릉에 배치된 석물을 제대로 구경할 수 있는 매우 드문 능이다. 더 자세한 이야기는 훗날 세종대왕으로 책을 쓰게 된다면 이어가기로 하고. 하하.

음, 다시 원래 하던 이야기로 돌아와서 지금과 마찬가지로 조선 시대에도 수원은 교통의 요지로 통했다. 한양에서 충청도, 전라도, 경상도로 이동하려면 반드시 지나가야 할 장소였으니까. 그런 만큼 상당한 숫자의 병력 또한 방어를 위해 배치되어 있었기에 송시열은 만일 전쟁이 나면 수원에서 반드시 싸움이 벌어질 테니, 그때 어찌 능을 보호할 수 있겠냐며 반대 의견을 보인 것이다.

송시열이 아뢰기를,

"예로부터 영원한 나라의 운수란 없습니다. 수원의 모습이 지금은 비록 잠시 피폐하나 뒷날에는 관방(關防: 요새지)이 될 것입니다. 정자(程子: 송나라 성리학자)가 오환(五患: 묏자리를 잡을 때 피해야 할 다섯 가지)을 논하는 데 성곽을 가장 꺼리었습니다."

하니, 심지원이 아뢰기를,

"수원은 본래 성곽이 없습니다."

하였다. 송시열이 아뢰기를,

"임금의 장례 때는 의당 첫째로 가는 계책을 두어야 합니다. 어찌 만세(萬歲) 후에 성곽이 만들어지지 않음을 보장하겠습니까?"

《조선왕조실록》 현종개수실록 현종 즉위년(1659) 6월 16일

또한 송시열은 무덤으로 만들 때 피할 장소로 성곽이 있는 자리가 대표적이라고 언급하며 수원에 효종 능을 만드는 것을 반대하기도 했는데, 문제는 당시만 하더라도 수원에는 성이 없었다. 그럼에도 불구하고 미래에 성곽이 생길 것이라 주장하면서 능 조성을 적극 반대하였다. 당시 사람들에게 이러한 송시열의 완고한 태도는 소위 반대를 위한 반대처럼 느껴지기도 했을 것이다.

하지만 미래를 알고 있는 나는 해당기록을 처음 접하고 마음속으로 얼마나 놀랐는지 모른다. 정말로 130여 년이 지나 수원에 성이 떡하니 생겼으니까. 우와~ 미래를 이토록 정확히 예측하다니, 실로 대단하다.

물론 송시열보다 더 대단한 것은 사도세자의 산소가 있는 수원에다 성을 쌓은 정조가 아닐까 싶다. 학자 군주라 불릴 만큼 박식한 정조라면 분명 묏자

리를 피해 성곽을 쌓았을 텐데, 이를 마다하지 않고 현륭원 조성 후 성곽을 만들었으니 말이지. 그렇다면 왜 정조는 수원화성을 조성한 것일까?

> 부사직(副司直) 강유가 상소하기를,
> "수원은 곧 총융청(摠戎廳: 조선 후기 오군영 중 하나)의 바깥 군영으로서 국가의 중요한 진(鎭)이고 더구나 또 막중한 능침을 보호하는 곳이니, 의당 특별한 조치가 있어야 할 것입니다. 이번에 새 읍을 옮겨 설치하였으나 성과 해자 등의 방어설치가 없습니다. 신의 생각에는 이번에 새 읍을 옮겨 설치한 것을 계기로 성과 해자도 함께 운영하는 것이 마땅하다고 봅니다.
> (중략)
> 만약 여기에 성을 쌓아 독산성(禿山城: 오산)과 서로 견제하도록 하고, 유사시에 협공의 형세를 이루게 한다면 설사 난폭하고 교활한 적이 있다 하더라도 병법에서 꺼리는 것임을 알고 감히 두 성 사이를 엿보지 못할 것입니다."
>
> 《조선왕조실록》 정조 14년(1790) 6월 10일

송시열이 언급한 오환(五患), 즉 묏자리를 잡을 때 피해야 할 다섯 가지는 다음과 같다. 1. 뒷날 도로

가 될 곳, 2. 성곽이 될 곳, 3. 도랑이나 못이 될 곳, 4. 세력가에게 빼앗기게 될 곳, 5. 농지가 될 곳 등이 바로 그것. 이는 송나라 성리학자 정호, 정이 형제의 문집인 《이정전서(二程全書)》 중 장설(葬說)에 나오는 내용이다.

언급된 다섯 곳을 쭉 살펴보면 무덤을 만들 때 피해 입을 가능성이 높은 장소는 가능한 피하라는 의미다. 도로나 농지 또는 못이 되면 무덤이 아예 사라질 테니 피해야 하고 그렇다고 너무 터가 좋아 오히려 세력가에게 뺏기면 안 되니 자기 분수에 맞추어 무덤을 만들어야 한다는 말이다. 성곽을 피하라는 것은 방어 중심지인 만큼 전쟁터가 될 확률이 무척 높아 무덤에 피해가 올 가능성이 있다는 의미다.

하지만 강유의 의견대로 기존의 오산에 위치한 독산성과 새로이 수원에 만들 성이 서로 견제, 협공이 가능하도록 구성한다면 설사 적이 쳐들어와도 감히 두 성 사이를 지나갈 엄두를 내지 못할 것이다. 실제로 독산성은 이미 단독으로도 임진왜란 때 권율이 일본군을 상대로 승리하여 큰 명성을 떨친 바 있다. 여기에다 새로운 성이 하나 더 만들어져 서로가 도움을 준다면 사도세자의 현륭원 역시 안전하게 유지될 수 있을 것이라 본 것이다. 그뿐 아니라 한양에 대한 남쪽방어도 한층 더 강화될 것이다.

그래서일까? 정조는 수원의 새 읍, 즉 관청이 새로 이사한 자리에다 기존의 방어체계를 훌쩍 뛰어넘는 성을 만들고자 했다. 그것이 다름 아닌 수원화성이다. 이렇듯 명분은 한양 남쪽에 대한 방어력 강화였으나 숨어 있는 또 다른 목적은 따로 있었다.

정약용

버스는 어느덧 나를 포함하여 중간중간 태운 5명의 손님을 데리고 수원역으로 다가갔다. 그런데 수원역 정류장에 서자마자 끊임없이 손님이 타더니, 마치 마법처럼 버스 안이 사람으로 가득 차는 것이 아닌가. 역시 수원역은 수원 교통의 중심이로구나. 수원 중심거리를 구경하며 가다보면 금방 수원화성 팔달문에 도착하거든. 도착 전까지 정약용에 대한 이야기를 좀 해보자. 마침 정조 및 수원화성과 남다른 인연이 있는 인물이니까.

정약용은 28세인 1789년 문과 과거시험에서 전체 차석으로 합격하였다. 당파는 남인으로 성균관 시절부터 뛰어난 재주가 있어 합격한 직후 규장각 초계문신이 될 정도로 정조로부터 남다른 기대를 받았다. 정조의 후원을 통해 계속 성장했으면 언젠가 6조 판서를 넘어 정승까지 올랐을지도….

이 해(1792) 겨울에 수원에 성을 쌓게 되었다. 주상(정조)이 이르시기를, "기유년(1789년) 배다리 놓는 일에 정약용이 설계안을 올려 그 일이 이루어졌으니, 그를 불러 성곽제도를 조목별로 써서 바치도록 하라"고 하셨다.

하지만 정약용은 18년의 길고 긴 유배 생활을 끝내고 고향으로 돌아온 후 환갑이 되어 자신의 삶을 회고하며 '자찬묘지명'을 지었으니, 이때가 1822년이다. 그러면서 한때 남인의 기대주로 불리다 정조 죽음 직후 풍비박산이 난 자신의 인생을 반추하였다. 그렇다. 그의 놀라운 재주는 결국 정조시절 잠시 쓰인 채 그대로 사장되고 만 것이다.

나라 일을 하는 관료로의 꿈은 무너졌지만 유배 18년간 학자로서 인생은 남았으니, 《모시강의(毛詩講義)》12권, 《모시강의보(毛詩講義補)》3권, 《매씨상서평(梅氏尙書平)》9권, 《상서고훈(尙書古訓)》6권, 《상서지원록尙書知遠錄》7권, 《상례사전喪禮四箋》50권, 《상례외편(喪禮外編)》12권, 《사례가식(四禮家式)》9권, 《악서고존(樂書孤存)》12권, 《주역심전(周易心箋)》24권, 《역학서언(易學緖言)》12권, 《춘추고징(春秋考徵)》12권, 《논어고금주(論語古今注)》40권, 《맹자요의(孟子要義)》9권, 《중용자잠(中庸自箴)》3권, 《희정당대학강록(熙正堂大學講錄)》1

권,《소학보전(小學補箋)》1권,《심경밀험(心經密驗)》1권 등 유배기간 동안 무려 223권의 책을 저술하였다.

지금까지 겨우 20권의 책을 쓴 나로서는 감히 상대도 안 되겠구나. 아마 죽을 때까지 써도 정약용을 넘기란 불가능할 듯.

한편 위의 '자찬묘지명' 언급에 따르면 정약용은 1789년에 정조에게 배다리 설계안을 올렸다고 한다. 놀랍게도 과거시험 합격 직후의 일이다. 1790년에 배다리 건설에 관한 정책문서인 '주교지남(舟橋指南)'이 완성된 만큼 정약용이 제출한 내용을 바탕으로 살을 더 붙여 '주교지남'이 만들어진 모양이다. 주교지남의 세세한 정책과 과학적인 다리 설계방안 중 상당부분이 정약용의 설계와 연결된다고 생각하니, 참으로 흥미롭다.

당시 정약용은 배다리 설계를 위해 중국, 조선 등이 그동안 만든 배다리 기록을 찾아보며 연구했을 텐데, 순간 나는 청나라 건륭제가 남순 여행 때 배다리를 건너는 장면이 떠오른다. 이번 기회에 '화성행행도(華城行幸圖)' 병풍에 등장하는 '한강주교환어도(漢江舟橋還御圖)'와 한 번 비교해보면 좋을 것 같다. '건륭남순도(乾隆南巡圖)' 중 종이 두루마리 제2권 '덕주를 지나다'가 바로 그것. 혹시 정약용도 청

〈건륭남순도(乾隆南巡圖)〉, 비단에 채색, 제2권, '덕주를 지나다' 중
배다리 부분, 1770년, 앨버타대학교.

나라 배다리 기록을 보았을까? 궁금해지네.

그렇게 정약용은 여러 배다리 정보를 규합하여
조선 배다리를 설계하였으니, 그 내용에 크게 만족
한 정조는 그를 불러 이번에는 과거와 지금까지의
성곽제도를 정리하도록 하였다. 한마디로 배다리 설
계처럼 고금의 여러 기록을 바탕으로 성곽 설계를
해보라는 의미. 이렇듯 정조는 정약용이라는 인물에
특히 주목하였다. 무엇보다 실학이라는 관점 아래
국왕이 가진 여러 아이디어를 실용적이면서도 현실
화된 디자인으로 설계할 수 있는 능력자였기에 고리
타분한 기존 신하들과는 확연히 구분되었으니까. 정

조에게는 참으로 고마운 존재였던 것.

　이제 팔달문에 도착했다. 나머지 이야기는 내려
서 이어가볼까?

5. 수원화성에 들어서다

남문시장

평생 수원화성을 100번은 온 듯하다. 추억을 담아 팔달문과 그 주변을 바라본다. 이 주변은 서울의 동대문, 남대문처럼 시장이 발달하였으며, 한때는 중앙극장이라는 큰 규모의 영화관도 있었다. 어릴적 수원화성에 들르면 성곽을 한 바퀴 돈 후 영화 한 편까지 보고 돌아가곤 했지만 아쉽게도 지금은 극장이 폐업하여 사라졌다. 과거와 크게 달라지지 않은 모습을 찾는다면 남문시장 정도?

팔달문은 수원화성의 남쪽에 위치한 관계로 남문이라고도 부르며 남문 근처에 있는 시장이라 하여 남문시장이라 이름이 붙여졌다. 이 남문시장은 수원화성이 생긴 직후부터 팔달문 근처에 등장했다 하니, 나름 230년의 유구한 역사를 지닌 시장이다. 수원화성이 생기며 사람이 모여들자 성 바깥에 점차 시장이 형성된 것.

다만 정확히 말하면 남문시장은 팔달문이 아닌 남암문(南暗門) 바깥에 생긴 시장이라는 사실. 암문은 성곽의 깊숙하고 후미진 곳에 적이 알지 못하도

공중에서 본 팔달문. 사진 gettyimages

록 만든 출입구로서 적이 포위하더라도 군수품을 몰
래 조달하기 위한 군사적 목적으로 설치된 문이다.
실제로 화성에는 총 5개의 암문이 있다.

조선시대만 하더라도 팔달문은 왕이 사용하는 등
위계가 높은 문이어서 일반인은 팔달문 동편에 있는
남암문을 주로 이용했다. 그러다보니 남암문 바깥으
로 자연스럽게 시장이 생겨나고 나중에는 위치를 숨
기려는 암문답지 않게 남암문 위에 누각까지 올렸다
고 한다. 시일이 지나면서 그냥 팔달문 바로 옆에 위
치한 널리 사용하는 문처럼 된 듯하다.

아쉽게도 지금은 눈을 씻고 찾아도 남암문은 볼

《화성성역의궤》, 안에서 바라본 남암문, 국립중앙박물관.

수 없다. 일제강점기를 거치며 허물어 사라졌으니
까. 게다가 사라진 성으로는 길이 뚫리고 사람이 활
동하는 여러 공간이 생겨나면서 팔달문은 성곽 없이
주위를 감싼 도로 안에 나 홀로 섬처럼 존재하고 있
다. 차가 수시로 다니는 도로로 인해 일반인은 방문
조차 불가능하다. 수원시 목표에 따르면 팔달문 주
변의 성곽도 언젠가 복원하겠다고 하던데, 일이 계
획대로만 잘 진행된다면 가까운 미래에 남암문을 다
시 볼 수 있지 않을까? 팔달문도 걸어서 방문할 수 있

《화성성역의궤》, 성 밖에서 본 남암문, 국립중앙박물관.

고 말이지.

　현재 볼 수 없는 유적지인 만큼《화성성역의궤》를 통해 남암문을 살펴봐야겠다. 아,《화성성역의궤》는 정조의 명으로 김종수가 화성 건설 과정과 문서를 총 정리한 책이다. 사실 그동안 주고받은 문서를 정리하는 것이 대부분의 내용이었기에 불과 집필 2달 만인 1796년 11월에 원고는 완성되었지만, 출판은 정조가 세상을 뜬 이후인 1801년에 비로소 이루어지게 된다. 흥미로운 사실은 이 책 덕분에 수원화성이

유네스코에 등재될 수 있었다는 것.

일제강점기와 한국전쟁을 겪으면서 성곽의 상당 부분이 파손·손실되었기에 축성 직후 만들어진《화성성역의궤》에 따라 1975~1979년까지 축성 당시 모습대로 수원화성을 보수·복원할 수 있었다. 문제는 복원된 유적은 유네스코에서 세계 유산으로 등재시키는 경우가 별로 없었다는 것인데, 의궤에 따라 과거 모습 그대로 복원됐다는 점이 부각되면서 등재에 성공하였다. 이렇듯 의궤 덕분에 수원화성의 가치가 더욱 높아지게 된 것이니, 오늘 여행에서는 가능한 의궤 그림을 주로 활용해봐야겠다. 의궤 그림 속 표현된 건물과 실제 건물을 비교, 감상하는 것이 포인트.

그럼 남문시장으로 가서 밥부터 먹어야겠다. 시간이 대략 점심시간이라 배가 고프네.

국수를 먹고

　남문시장은 사실 지동시장, 팔달문시장, 미나리
광시장, 못골시장, 영동시장, 시민상가시장, 남문패
션1번가시장, 구천동 공구시장, 남문로데오시장 등
팔달문 주변에 위치한 9개 시장을 합쳐 부르는 명칭
이다. 이 중 수원천 건너 위치한 지동시장에는 순대,
곱창, 설렁탕, 소머리국밥 가게로 가득한데, 이곳에
서 순대국이나 설렁탕을 자주 먹었다. 맛이 좋아 수
원화성을 방문할 때마다 종종 들렀거든. 그런 만큼
이런 음식에 관심 있는 분에게는 지동시장을 적극
추천.

　오늘 점심은 국수로 먹어볼까 한다. 성을 한 바퀴
돌 계획이라 배가 너무 차면 걷기 힘들 듯해서. 마침
저기 2층에 국수집 간판이 보이는걸. 올라가서 국수
를 주문하고 바깥이 보이는 창가 쪽 자리에 앉는다.
금방 국수가 나와 먹어보니, 음. 담백한 맛이 좋은
데! 면을 쭉쭉 흡입하며 김치까지 함께하니 금상첨
화. 배가 꽤 고팠는지 얼마 되지 않아 빈 그릇만 남
았다. 국물까지 싹 비웠네. 국수로 배를 채우고 건물

남문시장 2층 국수집의 담백한 국수. ©Hwang Yoon

1층으로 내려와 바로 보이는 도넛가게에서 꽈배기
와 단팥 도넛을 샀다. 성을 돌면서 중간 중간 먹어야
지. 룰루랄라. 벌써 기분이 좋아지는구나.

　점심도 먹었고 성을 돌며 먹을 것도 준비했으니
이제 본격적으로 시작해볼까? 남문종합관광안내소
에서 북쪽 길을 따라 50m 정도만 올라가면 성 아래
로 차와 사람이 다니는 길이 뚫려 있다. 즉 저 안으로
들어가는 순간부터 성 안으로 들어서는 것이지. 그
렇게 성으로 들어가자마자 등장하는 남수문. 이번에
는 남수문을 통해 수원천을 건너자 동쪽 언덕 위로
기와건물이 보인다. 동남각루(東南角樓)라는 장소

수원화성 지도.

다. 영차. 영차. 성을 따라 언덕 위로 올라가 동남각루에 도착. 자~ 여기서부터 시계 반대방향으로 한 바퀴 돌아 팔달문 서쪽에 도착하는 것이 오늘의 최종 목표라 하겠다. 수원화성 둘레가 대략 5.7㎞니까 힘을 내야지.

동남각루에 올라서서 주변을 바라본다. 우와~ 꽤 높네. 주위가 시원하게 펼쳐 내려다보인다. 이렇게 시야가 넓은 높은 지대에다 각루를 만들어 주변을 감시토록 하고 전쟁 시에는 이 주변 군사지휘소로 사용하기 위해 건물을 지어 올린 것이다. 이런 식으로 수원화성에는 각루가 총 4곳이 있다. 그럼 잠시 주변을 더 보면서 사진 좀 찍어야겠다. 아무렇게나 찍어도 꽤나 멋진 뷰가 나올 장소라서 말이지. 특히 서북쪽을 따라 성벽이 일자로 쭉 이어지는 장면이 장관이니 이 부분을 주목하여 사진을 찍어보자.

이렇게 널찍한 풍경을 감상하다보니 수원화성하면 평지성이라는 이미지가 강하지만, 실제로는 아닌 듯하네. 정말로 그런지 지도를 통해 한 번 살펴볼까? 수원화성 구조를 자세히 살펴보면 서편은 팔달산에 자리 잡은 산성이며, 동편 역시 수원천 동쪽으로는 구릉 지대 위에 성이 있어 사실상 산성형태를 취하고 있다. 그리고 수원화성 북문인 장안문과 남문인 팔달문 주위로 평지성이 있어 동, 서쪽 산성을 각각 연결해주고 있지. 대략 평지성 30% + 산성 70% 구조.

이에 따라 산성은 1장 6척으로 약 4.9m 높이이며 평지성은 2장으로 약 6.2m 높이로 각기 달리 성벽을 쌓았다. 아무래도 산 높이만큼 방어에도 도움을 주기에 산성은 조금 낮게 쌓아도 되지만 평지성는 성 자체만으로 방어해야 하니 성을 높게 쌓은 듯하다.

하지만 이는 정약용의 설계에 비해 훨씬 낮은 높이였으니

성벽 높이는 2장(丈: 1장은 10척) 5척(尺: 1척은 31cm)으로 하여 석재와 공사비의 기준으로 삼았습니다.

정약용, 《여유당전서(與猶堂全書)》 중 성설(城說)

《여유당전서》에 남겨진, 정약용이 정조에게 올린 설계문서에 따르면 2장 5척 즉, 약 7.5m 높이를 제안했다. 이 정도 높이라면 성의 위용이 더욱 대단했겠지만 그만큼 건설비용 역시 큰 폭으로 증가했겠지. 이상과 현실의 간격이 느껴진다.

동남각루 주변 감상을 끝내고 봉돈으로 걸어가며 이야기를 이어가도록 하자.

정약용의 설계

오늘도 성을 따라 걷는 사람이 참으로 많이 보인다. 역시 수원화성은 걷기에 딱이다. 운동도 하고 성도 구경하는 완벽한 일석이조. 요즘은 성 안쪽으로 레스토랑과 카페 등 여러 먹을 것까지 생겨나니 일석삼조가 되려나? 하하. 그래서일까? 과거에 비해 젊은 사람들에게도 핫한 장소로 떠오르고 있다는군. 수원시의 관광자원 역할을 톡톡히 하고 있다. 외국인도 많이 찾고 있어 중국과 일본의 여러 성 못지않게 수원화성 역시 앞으로 세계적인 관광지가 될 듯하다.

그럼, 다시 이야기로 돌아와서. 정약용의 '자찬묘지명'에 따르면 정조가 고금의 성곽제도를 정리하도록 명했다고 하던데, 운 좋게도 그때 제출한 내용 중 일부가 여유당전서 제1집 제10권에 성설(城說) 등의 제목으로 남아 있다. 참고로 《여유당전서(與猶堂全書)》는 정약용 사후 백여 년이 지나 후학들이 그가 남긴 저서들을 모아 발간한 것으로, 네이버의 고전번역 프로젝트 덕분에 성곽 관련한 내용은 언제든 인터넷으로 쉽게 확인이 가능하다.

정약용은 성설(城說), 즉 성을 쌓는 일이라는 제목 아래 다음과 같은 의견을 보였다.

1. 성의 규모는 대략 3600보(步)로 둘레 4.2㎞, 성벽 높이는 2장(丈) 5척(尺)으로 7.5m.

2. 성 재료는 벽돌의 경우 익숙하지 않고 흙의 경우 무너지기 쉬우니 돌로 성을 쌓는다.

3. 성 주변에는 해자(垓字), 즉 적의 성벽 진격을 방해하기 위해 성 둘레에다 땅을 파고 물을 채워 넣는다.

등 총 8가지 제안을 했다. 다만 오늘은 4~8번까지 제안은 생략하겠다. 혹시 나머지 제안이 궁금하신 분은 네이버 검색창에 "여유당전서 성설"이라 쳐보자.

성의 곡성(曲城)과 초루(譙樓) 규모에 대해서는 유성룡이 ('전수기의십조(戰守機宜十條)'에서) 이미 자세하게 말하였고, 성문 위의 다락집에 누조(漏槽)를 만드는 방법은 모원의의 《무비지(武備志)》에 자세히 설명되어 있으니, 모두 마땅히 이 방법을 살펴 시행해야 합니다.

정약용, 《여유당전서(與猶堂全書)》 중 '성설(城說)'

정약용은 자신의 8가지 의견을 제시하고 나서 유성룡(1542~1607)의 '전수기의십조(戰守機宜十條)'와 모원의(1594~1640)의 《무비지(武備志)》중 성곽 관련한 내용을 상세히 살펴봐야 한다고 언급하였다.

'전수기의십조'는 임진왜란 때 정승을 역임했던 유성룡이 다시 적이 쳐들어올 때를 대비해 막을 10가지 방책을 전쟁 직후 국왕에게 올린 글이며, 《무비지》는 명나라 말기 모원의라는 군사학자가 자국이 청나라와의 전쟁으로 위기에 빠지자 역대 중국의 군사 관련한 자료를 수집, 정리하여 만든 책이다. 두 자료 모두 전쟁을 직접 경험한 인물들이 만든 결과물인 만큼 성곽에 대해서도 실제 전쟁 시 필요한 디자인이 많이 담겨 있다. 이는 곧 수원화성이 평화 시기에 만들어지므로 전란시대를 직접 경험한 사람들의 여러 실용적인 디자인들에 관한 내용을 연구하여 구성해야 한다는 뜻이 담겨 있다.

그러나 정약용이 제안한 설계는 기본 지침에 불과하였을 뿐 실제로 건설되는 과정에서는 앞서 보았듯 성벽 높이처럼 축소되거나 또는 추가되는 내용이 있다.

드디어 봉돈 도착. 저기 검은 벽돌로 만들어진 높고 아름다운 건축물이 바로 그것이다.

봉돈

봉돈(烽墩)은 국내에서 수원화성에서만 만날 수 있는 흥미로운 구조물이다. 봉돈? 아무래도 명칭부터 익숙하지 않다. 봉수대 또는 봉화대 등은 아마 많이 들어보았을 듯하다. 주로 산 정상에 위치한 채 적의 동태를 확인한 후 연기나 불빛을 통한 신호로 정보를 빠르게 전달하는 통신 방법이다.

연기 하나면 : 평상시.
연기 둘이면 : 적이 나타남.
연기 셋이면 : 적이 국경 가까이 옴.
연기 넷이면 : 적이 쳐들어옴.
연기 다섯이면 : 적과 싸움.

이었다고 한다. 이를 통해 한반도 북방이나 남방 국경선에서 신호를 알리면 한양 도착까지 빠르면 2시간, 늦으면 12시간이 걸렸다고 한다. 이 정도면 당시로서는 대단히 빠른 신호체계다. 그런데 수원화성은 주변 산이 아닌 아예 성 안에다가 봉수대를 설치

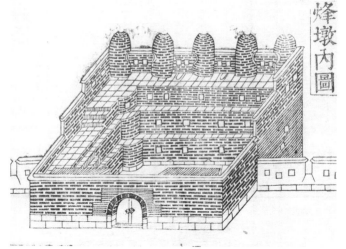

《화성성역의궤》, 봉돈 성안 모습, 국립중앙박물관.

한 것으로 이는 조심태의 건의로 이루어진 것이다.

　수원 유수 조심태가 임금에게 올린 글에, "척후
니 봉수니 하는 것은 본래부터 국경수비에 있어 가
장 중요한 것입니다. 특히 수원화성은 한강 남쪽의
요충지로 행궁이 있으니 일의 중요도가 다른 곳과
다릅니다.

　(중략)

　이 성 안에 동장대가 있는 주봉(主峰)은 좋은 지
형인지라 앞이 훤하게 트여 멀리까지 내다볼 수 있
습니다. 이 위에 봉화대 하나를 설치하여 동쪽으로
는 (제2로인) 육지의 봉화와 이어지고 서쪽으로는
(제5로인) 바다의 봉화에 응하도록 하여 시급한 상

수원화성 봉돈. 사진 gettyimages

황에 대비해야 할 것입니다."

임금께서 말씀하시기를, "그대로 시행하라."고
하셨다.

《화성성역의궤》 계사(啓辭) 1796년 1월 22일

당시 조선은 전국의 높은 산마다 600여 개의 봉수
대를 설치하여 한양에 총 5개의 봉수로가 도착하는
시스템을 갖추었다. 이 중 한반도 남부 봉수로인 제2
로는 경상도, 제5로는 전라도 지역의 위험을 알리는
용도였는데, 조심태는 한양으로 이동하던 제2로와
제5로의 봉수로를 중간에 수원화성으로도 연결시키
자고 주장한 것. 수원화성이 한양 남쪽을 방어하는
중요 요충지로 건설되는 만큼 한반도 남부의 중요

함흥경흥

회령

길주

평안강계

평안의주

안주

영흥

평양

황해해주

개성

서울

수원화성

충북충주

제2로

충남옥천

제5로

전북옥구

경주

순천

부산

조선시대 봉수로.

정보 역시 이곳으로 모일 필요가 있다고 생각했기 때문이다.

이는 곧 수원화성 봉수대가 한양과 마찬가지로 나름 최종정보의 도착지라는 의미. 즉 수원화성에서 볼 때 제2로인 육지 쪽 봉화에서 신호가 오면 경상도에 위기가 왔음을 알 수 있고 제5로인 바다 쪽 봉화에서 신호가 오면 전라도에 위기가 왔음을 파악할 수 있다. 그렇다면 정확하게 어디에다 정보를 가장 먼저 알리기 위하여 성 안에다 봉수대를 설치했을까? 현재 나의 위치를 보면 단박에 알 수 있다.

정조의 허락하에 봉수대가 수원화성 안에 자리 잡게 되었으나 고심 끝에 위치는 조심태 제안과 다른 곳에 만들어졌다. 동장대 근처가 아닌 수원화성 행궁 정문에서 곧바로 확인할 수 있도록 행궁 정 동쪽 방향에 봉수대를 설치한 것이다. 스마트폰을 꺼내 지도어플을 눌러 살펴보니 정말로 행궁 바로 동쪽으로 위치하고 있네. 물론 지금은 건물과 나무들이 빽빽하여 여기서 행궁이 잘 안보이지만 조선시대만 하더라도 행궁에서 곧바로 봉수대가 보였을 것이다.

이렇듯 한반도 남부 봉수로의 정보를 수원화성, 그중에서도 행궁으로 가능한 정확하고 빠르게 알려주기 위해 봉수대 위치를 이곳으로 정했음을 알 수

《화성성역의궤》, 봉돈 성 밖 모습, 국립중앙박물관. 성 위에서 일정한 각도로만 공격할 수 있는 일반성벽과 달리 봉돈 벽에는 여러 각도로 공격할 수 있는 총과 대포 구멍이 보인다.

있다. 만일의 사태 발생시 수원화성 주변의 군부대 통솔자는 화성행궁의 명령에 빠른 대처를 보여줄 수 있었겠군. 효율적인 디자인에 다시 한 번 감탄.

　그뿐 아니라 수원화성의 봉수대는 일반 봉수대와 달리 돈대(墩臺) 기능까지 결합한 형태로 만들어졌다는 점. 돈대는 일부러 주변보다 높게 만든 건축물로 총과 대포 구멍을 여러 개 설치하여 다양한 각도로 외부의 적을 감시하거나 공격하는 것이 주요 목표다. 마침 수원화성을 조금 더 돌다보면 이곳을 대표하는 유명한 돈대가 등장하니, 그때 해당 건축물의 용도에 대해 마저 설명하기로 하자. 결국 봉수대(烽燧臺) + 돈대(墩臺) 기능을 합친 보기 드문 형태였기에 소위 봉돈(烽墩)이라는 명칭이 붙여졌음을 알 수 있다.

그런데 지금까지 살펴본 봉돈 시스템은 정약용의 성곽 설계에 전혀 없던 내용이라는 사실. 조심태의 제안으로 수원화성 건설 도중 적극 도입된 시스템이니까. 응? 조심태가 과연 누구이기에 성 건설 중 이러한 중요 변경 사항까지 국왕에게 바로 알릴 수 있었을까? 궁금해지는걸.

수원화성 건설 책임자 조심태

봉돈 구경을 마치고 다음 코스를 향해 걸어간다. 수원화성 동문인 창룡문을 향해 고고~

그럼 걸어가며 조심태에 대한 이야기를 해보자. 앞서 이야기했듯 수원화성의 대략적인 성곽설계는 정약용이 맡았지만, 실제로 건설을 주도한 인물은 조심태(1740~1799)였다. 당파는 소론이며 무과 출신의 무인이었다. 정조가 즉위한 후 삼도수군통제사, 총융사, 좌포도대장 등 종2품에 해당하는 무관 고위직 벼슬을 차례로 역임하다가 1789년 수원부사로 부임하게 되는데, 이때부터 정조 시절 토목, 건설 분야의 1인자로 올라서게 된다.

우선 그는 1789년 수원부사로 부임하여 현륭원 조성 및 용주사 건설, 그리고 수원읍을 현륭원 주변에서 팔달산 아래로 옮기는 데 큰 역할을 하였다. 다음으로 1793년 12월 들어와 수원화성 건설에 있어 감동당상(監董堂上)을 맡았다. 참고로 감동당상이란 조선시대 크고 작은 각종 사업을 관리, 책임지는 당상관으로 정3품 이상의 임시관직을 의미한다. 이해

조심태 초상화, 이건희 컬렉션, 국립중앙박물관.

하기 좋게 해석하자면 수원화성 공사현장의 총감독
자가 된 것.

상(上: 정조)이 채제공에게 이르기를,
"수원의 성 쌓는 일을 경(채제공)이 그곳의 유수
(留守)로 있을 때 경영하다가 중간에 정승에 임명됨
으로 인하여 중지하고 말았다. 나는 생각하기에 10
년 정도면 완공할 수 있다고 여기지만 만일 감독으
로 적임자를 얻으면 어찌 꼭 10년이나 끌겠는가. 모
든 일은 규모를 먼저 정하는 것이 가장 중요하고 규
모는 미리 경영을 하는 것이 가장 중요하며 경영은
또 적임자를 얻는 것이 가장 중요한 것이다."
(중략)

상(上: 정조)이 마침내 조심태를 감동당상(監董堂上)으로 삼고 채제공에게 총괄하여 살피는 일을 주관하게 하였다.

《조선왕조실록》 정조 17년(1793) 12월 6일

물론 국가적인 대사업인 만큼 조심태 위에 총책임자가 한 명 더 있었는데, 그는 채제공으로 수원화성 축성에서 총리대신(總理大臣)이라는 임시직을 맡았다. 당시 정조는 정승을 역임한 인물에게 성 건설의 총책임을 맡겨 남다른 의미를 부여하고자 했거든. 실제로도 수원화성 건설에 정조가 적임자로 선택한 채제공과 조심태 콤비는 손발을 척척 맞춰 자신들의 역할을 훌륭하게 해냈다. 대단히 큰 규모의 사업인 만큼 처음에는 10년이 걸릴 줄 알았던 공사 기간을 불과 2년 8개월 만에 마치 속도전처럼 성을 완성시켰으니 말이지. 이를 미루어 볼 때 정조, 채제공, 조심태 모두 일처리 능력이 상당했던 모양이다. 요즘 기업이 좋아하는 인재상? 하하.

한편 정조는 수원을 크게 키우고자 1793년 들어와 이곳을 도호부에서 유수부로 승격시켰다. 도호부(都護府)는 지방에 어느 정도 규모가 되는 지역마다 설치되어 조선 말에는 무려 75개에 이를 정도였으나, 유수부(留守府)는 수원을 포함하여 조선 말까지 오직 4개만 설치될 정도로 그 격이 높았다.

어느 정도냐면 수도인 한성부를 제외한 지방 관직은 인사 행정에서 외관직(外官職: 지방 관직)으로 분류되었지만, 유수부만은 경관직(京官職: 중앙 관직)으로 운영했으니까. 그뿐 아니라 도후부는 종3품이 다스렸으나 유수부는 종2품이 다스렸다. 조선시대에는 정3품을 기준으로 고위직인 당상관과 그 아래인 당하관을 나누었으니 생각보다도 그 격차는 꽤 큰 것이다.

> 화성(華城)의 축성 공사를 감독한 신하들에게 상을 내렸다.
> 총리사(摠理使: 총리대신)인 우의정 채제공에게 호랑이 가죽을 하사하고, 감독한 신하로서 당상관인 수원유수(水原留守) 조심태는 품계를 높여주었다.
>
> 《조선왕조실록》 정조 19년(1795) 윤 2월 13일

그렇게 수원을 유수부로 승격시킨 직후 정조는 1793년 1월에 수원 초대 유수로 채제공을 삼았으니 무려 정 1품인 정승을 역임한 인물이 유수가 된 만큼 국왕의 수원에 대한 남다른 대우를 상징하였다. 한마디로 당시 기준으로 볼 때 상당히 파격적인 인사

였다.

이후 한성부판윤과 병조판서, 이조판서 등 정2품에 해당하는 조정의 요직을 두루 거친 노론 시파인 이명식이 수원 2대 유수가 되었고, 이명식에 이어 1794년 2월부터 수원 3대 유수가 된 인물이 다름 아닌 조심태였다. 마침 여러 준비과정을 마치고 본격적인 수원화성 건설이 1794년 1월부터 진행된 만큼 정조가 일부러 그를 수원유수로 삼았음을 알 수 있다. 물론 조심태의 품계도 공사 도중 자연스럽게 올려주었다. 이런 면밀한 과정을 통해 수원유수는 다른 유수보다 높은 정2품급 위상을 갖추게 된다.

그뿐 아니라 정조가 중요하게 여긴 탕평책처럼 남인 → 노론 → 소론으로 1~3대 수원유수가 이어진 것도 흥미롭다. 나름 여러 정파가 함께하는 분위기를 만든 것이다.

시일이 훌쩍 흘러 1796년 9월 10일 드디어 성이 완공되었다. 완공 후 한 달 조금 지난 1796년 10월 16일이 되자 화성행궁 낙남헌에서 수원화성 준공을 축하하기 위한 잔치가 개최되었으니 이를 낙성연(落成宴)이라 부른다. 낙성(落成) = 건축 공사가 다 끝남 + 연(宴) = 잔치라는 의미.

이때 총리대신 채제공, 수원유수이자 감동당상인 조심태를 비롯하여 성 건설에 참여한 감독관, 기술

《화성성역의궤》, '낙성연도', 국립중앙박물관.

자 및 수원 선비들과 백성들이 모여 잔치를 벌였는데, 정조도 행사에 직접 참가하고자 했으나, 그의 딸인 숙선옹주가 갑자기 홍역에 걸린 것이 아닌가. 정조는 왕실에서 홍역이 발생하면 조치하는 대피관례에 따라 원자와 함께 규장각 옆 이문원으로 피신을 가는 바람에 수원에 올 수 없었다. 마음속으로 얼마나 안타까웠을까. 자신의 인생 최고 업적인데.

> 추 레로 좌에 나아가니 총니대신은 장중의 쥬벽 ᄒ고 감동당낭은 서벽의 동향ᄒ되 겹줄노 위를 다ᄅ게 ᄒ며 듕빈의 위는 동벽의 서힝ᄒ고

《뎡니의궤(整理儀軌)》 프랑스 동양어학교 도서관

현재 프랑스가 소장하고 있는《뎡니의궤》는 1795년 원행에 대한 기록을 담은 책으로 정조가 어머니인 혜경궁에게 올리며 읽기 쉽게 한글로 제목과 설명을 붙였다. 가만 보니, 18세기에는 정리를 뎡니라 발음했나봄. 나름 최초의 한글의궤로도 알려지고 있는데, 여기에서 낙성연 관객 배치에 대한 위와 같은 문장이 나온다.

해석을 하면 대청중앙에 총리대신(채제공)이 자리 잡고, 감동당낭은 서쪽 벽에서 동쪽을 향하되 겹줄로 자리를 다르게 하며, 여러 귀한 손님들의 자리

는 동쪽 벽에서 서쪽으로 향한 자리라고 되어 있군. 참고로 감동당낭(監董堂郞)이란 감동 = 감독직, 당낭 = 당상관(堂上官 3품 이상) + 낭청(郞廳: 당하관)을 뜻한다. 즉 고위직부터 그 아래까지 감독관들이라 할 수 있겠군.

결국 정조가 참여하지 못한 관계로 낙성연에서 가장 중앙자리에 채제공이 앉았다는 사실. 그렇다면 조심태는? 음. 아무래도 채제공 왼쪽에 위치한 감동당낭 중 가장 앞줄 윗자리에 위치한 인물이 조심태가 아닐까?

이렇듯 조심태는 화성축조에 있어 남다른 역할을 한 인물이었다. 수원화성에 올 때마다 사람들이 기존에 잘 알려진 정조, 채제공, 정약용뿐만 아니라 조심태도 한 번씩 기억해주면 좋겠다는 생각이 든다. 조심태가 없었다면 수원화성이 이 정도로 스피드하고 정밀하게 만들어지지는 못했을 테니까.

창룡문과 벽돌

창룡문 근처로 오자 잔디광장이 초원처럼 펼쳐져 시원한 느낌을 주는구나. 동쪽으로는 수원화성의 동문인 창룡문이 자리 잡고 있으며 북쪽으로는 수원화성을 상징하는 건물인 동북공심돈이 우뚝 서있고 서쪽으로는 국궁 체험대와 동장대가 위치하고 있다. 광장에서 몇몇 사람들이 연을 날리는 중인데, 평일이라 이 정도고 주말에는 연으로 하늘이 가득 찰 정도다. 나름 국내 연 날리기 성지 중 하나라고나 할까. 하늘을 장식하고 있는 연을 보니, 마치 타임머신을 타고 조선시대에 온 느낌이네.

조금 높은 언덕 위에 위치한 창룡문. 한자로는 蒼龍門이다. 푸른 용의 문이라…. 참 멋진 이름이다. 실제로 음양오행에 따르면 푸른색이 동쪽을 의미한다고 하여, 이에 맞추어 창룡문이라는 이름을 붙였다고 한다. 문 안으로 들어서서 천장을 보자 역시나 강인해 보이는 푸른색의 용이 그려져 있구나. 안녕~ 오랜만.

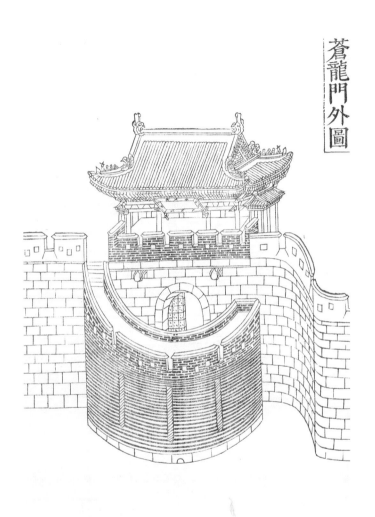

蒼龍門外圖

《화성성역의궤》, 창룡문, 국립중앙박물관.

다만 창룡문은 한눈에 딱 보아도 아까 만난 팔달문에 비해 그리 큰 규모가 아니다. 뭐 어쩔 수 없는 것이 처음부터 팔달문에 비해 격이 한 단계 낮게 만들어진 문이다. 문 위에 만든 누각도 팔달문은 2층으로 지어 웅장한 반면 창룡문은 1층이다. 성문을 적의 공격으로부터 보호하기 위하여 성문 밖에 반원형으로 쌓은 성곽을 소위 옹성(甕城)이라 부르는데, 이 또한 주변 성벽보다 낮긴 해도 팔달문은 높이가 5m에 다다르는 반면 창룡문은 2.9m에 불과하다. 그래서일까? 내 키가 178㎝니까 거미처럼 벽에 붙어서 조금만 낑낑대며 노력하면 창룡문 성벽을 오를 수 있겠다는 느낌마저 드는걸. 진짜 해보려다가 참는다. 하하. 문화유산을 함부로 훼손하는 인물로 뉴스에 나오긴 싫거든.

물론 이처럼 성이 낮은 이유는 앞서 이야기했듯 이곳이 구릉 지대에 위치한 산성이라 성벽을 일부러 낮게 쌓았기 때문이다. 성 밖으로 나오자 저 언덕 아래 도로로 차가 쌩쌩 달리는 모습이 보인다. 여기서 보니 비로소 꽤 높은 지대에 성문이 있음을 알 수 있다. 높은 언덕이 사실상 성벽 역할을 담당하기에 낮은 성 높이에 대해 100%는 아니지만 어느 정도 수긍이 간다. 그럼에도 불구하고 나름 성문인데 조금 더 높아야 하지 않았을까 하는 생각이 드는 건 어쩔 수 없구나.

> 우리나라 사람은 벽돌 굽는 데 익숙지 못하고 또 벽돌 굽는 땔나무를 구하기도 어렵다.
>
> '어제성화주략(御製城華籌略)'

한편 창룡문과 주위 성벽은 돌로 만들어진 반면 옹성은 특이하게도 벽돌로 만들어졌는데, 이런 방식은 팔달문도 마찬가지다. 특히 하얀색 석재와 비교되는 검은색 벽돌이라 색이 대비되어 눈에 더욱 잘 띄는 느낌. 기록에 따르면 수원화성에는 69만 4918장의 벽돌이 사용되었다고 한다. 그러나 당시 벽돌은 지금과 달리 제작에 상당한 시간과 비용이 드는 고급자재 중 하나였다. 오죽하면 '어제성화주략'에도 우리나라는 벽돌을 굽는 데 익숙하지 못하다고 표현했을 정도였다.

아참~ '어제성화주략(御製城華籌略)'은 정약용이 제안한 설계안을 기반으로 정조가 재정리하여 만든 지침서로 화성 기본계획서라 하겠다. 해당 계획서를 기반으로 성이 축조되기 시작했으니까. 이는 배다리에서 정약용의 설계안을 바탕으로 '주교지남'이 만들어진 것과 유사하다.

이토록 익숙하지 않은 재료임에도 아까 만난 봉돈이나 옹성 등에 적극적으로 벽돌을 사용한 이유는 과연 무엇일까?

임진왜란과 병자호란을 겪으면서 벽돌로 만든 성벽에 관심이 높아진 조선은 중국 병법서에 기록된 벽돌 성을 적극적으로 도입하고 싶어했다. 그 후 영조 18년인 1742년 강화유수 김시혁에 의해 강화외성이 벽돌로 만들어졌으니, 그는 연행사로 북경에 다녀온 경험을 살려 중국의 벽돌 굽는 방법을 시험적으로 성벽에 적용해본 것이다. 조정에서도 큰 관심을 두었기에 벽돌로 만들어진 강화외성을 대포로 가격하는 실험까지 진행하였다. 그런데 웬걸? 대포로 성체에 1척(약 31㎝) 남짓의 구멍을 냈을 뿐 성벽 전체는 온전한 것이 아닌가? 의외로 벽돌이 대포에 대한 방어력이 뛰어남을 확인한 것이다.

그뿐 아니라 18세기 들어와 연행사를 통해 중국 벽돌문화에 대한 관심이 높아지면서 벽돌 건축물의 장점이 크게 부각되었다. 무거운 돌을 옮겨 건축물을 짓는 것보다 가벼운 벽돌을 사용하면 노동력이 절약되는 데다 돌로 만들기 힘든 복잡하고 다양한 디자인까지 제작이 가능했으니까. 예를 들어 봉돈처럼 원하는 장소에 정확히 구멍을 만들 수 있고, 그러면 총과 대포 등으로 다양한 각도의 공격도 가능해진다. 같은 디자인을 돌로 제작한다면 석재에 구멍을 뚫는 것부터 결코 쉽지 않은 일이겠지. 아님 석재라는 재료의 한계로 원하는 디자인보다 투박하게 만들어졌을 테고.

이러한 벽돌이 지닌 이점을 최대한 활용하기 위해 정조는 대부분의 성은 돌로 쌓으면서도 특별히 방어력이 더 중요한 부분이나 공격력을 극대화하기 위한 부분에는 벽돌로 성을 짓도록 하였다. 물론 익숙하지 않은 기술이라 중국에서는 하루에 장인 한 명이 벽돌 100장을 만드는 반면 조선은 장인 한 명이 하루에 14.5장의 벽돌을 만들 정도로 낮은 생산력을 보여주었기에 어쩔 수 없는 선택이기도 했다. 마음 같아서는 모든 성벽을 벽돌로 만들고 싶었겠지만 비용, 생산 등 현실적 한계로 적당한 타협을 할 수밖에.

결국 여기서도 정약용의 설계 제안처럼 돌을 이용해서 성을 만들자는 의견을 기반으로 하되 추가로 일부 중요한 부분에는 벽돌을 사용하는 모습으로 변화를 주었음을 알 수 있다.

또 다른 방어시설, 현안

벽돌로 만든 옹성을 한참 구경하다가 성벽에 줄이 그어진 듯 깊숙하게 들어간 부분을 발견하여 가만히 살펴본다. 이곳뿐만 아니라 옹성을 따라 여러 개 줄이 있네. 파진 부분을 따라 아래에서 위로 바라보니 철장으로 덮여 있으나 어쨌든 저 위로 보이는 구멍을 통해 옹성 내부가 보인다. 더 자세히 알아보기 위해 아예 창룡문 옹성 위로 한 번 올라가봐야겠다.

다시 문 안으로 들어가 이번에는 성 위로 올라간 후 옹성을 따라 이동해본다. 마치 빗물 배수로처럼 중간 중간 구멍이 나 있는데, 안전 때문인지 아님 구멍 안으로 쓰레기를 버리는 얌체족을 막기 위함인지 아쉽게도 하나같이 철장으로 입구를 막아두었군. 물론 빗물 배수로가 아니고 이 역시 성 방어를 위해 만든 장치 중 하나다. 배수로는 따로 있음.

철장 틈 사이로 구멍을 따라 아래를 바라보면, 성 바로 아래 위치한 땅이 보인다. 그렇군. 성벽에 줄처럼 깊게 파인 선을 따라 옹성 안에서 성 바깥을 볼 수 있구나. 이런 시설물을 소위 현안(懸眼)이라 부른다.

《화성성역의궤》, 현안, 국립중앙박물관.

그렇다면 성벽에 왜 구멍을 일부러 여러 개 뚫어놓은 것일까? 궁금증이 생긴다면 당신은 수원화성의 또 다른 비밀을 알 수 있는 기회를 얻은 것이다. 하하.

　　현안(懸眼)은 적이 성벽에 접근하는 것을 감시하기 위해 만든 시설입니다. 현안의 제도는 타안(垜眼)에서 시작되었지만, 그 용도는 점점 더 절실해지고 있습니다. 《석명(釋名: 한나라 책)》에 "성벽 위에 있는 담장을 비예(睥睨)라고 이르는데, 말하자면 구멍을 통해 뜻밖의 긴급한 사태를 살핀다는 것이다." 라고 하였습니다. 여기에서 '비예'는 바로 지금의 여장(女墻)이며, 여장에 뚫어놓은 구멍이 바로 타안입니다.

　타안은 1개의 여장에 3개의 구멍을 뚫는데, 구멍의 형태는 수평으로 뚫기도 하고 기울게 뚫기도 합니다. 수평으로 뚫은 구멍을 통해서는 성벽에서 아주 멀리 떨어져 있는 곳만 바라볼 수 있고, 기울게 뚫은 구멍으로는 성벽에서 수십 보(步) 떨어진 가까운 바깥쪽만 살필 수 있습니다. 그러므로 여곤(呂坤: 명나라 유학자)은 "타안을 활용하지 않으면 적을 감시할 수가 없다."라고 하였습니다.

　다만 대체로 사람의 눈으로 볼 때 직선으로 보지 곡선으로 구부러지게 볼 수는 없어 타안이 볼 수 있는 시각에는 한계가 있습니다. 이에 적이 성벽 밑에 가까이 달라붙어 창과 병기로 구멍을 뚫어 성벽을 무너뜨리거나 수레와 사다리로 해자를 메우고 성으로 올라와도 아군은 아래를 내려다보지 못하니, 어떻게 방어할 수 있겠습니까.

　아군이 타구(垜口)에 서서 공격하려고 하면 적이 또 수많은 총과 화살을 겨누면서 아군이 목을 들고 손을 내밀기를 엿보고 있으니, 이것이 현안(懸眼)이 만들어진 이유입니다."

정약용, 《여유당전서(與猶堂全書)》 중 현안도설(懸眼圖說)

정약용은 수원화성 설계를 하면서 정조에게 성벽

(위) 성체와 미석. ©Park Jongmoo
(아래) 여장 및 타안과 타구. 사진 gettyimages

에 현안을 반드시 설치해야 한다고 주장하였다. 위
의 문장이 바로 그것이다. 꽤나 길게 설명한 것을 보
니 상당히 중요하게 여긴 듯하다. 그런데 중간 중간
어려운 용어가 등장하여 문장을 단번에 이해하기 어
렵군. 마침 이곳 수원화성 성벽을 통해 해당 용어를
하나씩 살펴봐야겠다. 새로운 정보를 줄긋고 제대로
외워두면 다음 번 구경 때는 더욱 업그레이드된 감

상이 가능하니까. 아는 만큼 보인달까?

1. 비예(睥睨)는 곧 여장(女墻)으로서 성벽 위에다 만든 담장이다. 적의 공격으로부터 성 위에 있는 군인들을 보호하도록 만든 것이다. 성 밖에서 화살이나 총알이 날아올 때 담장 뒤 피신하면 안전하니까. 쉽게 이해한다면 성에 부착된 방패라 보면 좋을 듯하다.

2. 타안(垜眼)은 여장에 뚫어 놓은 구멍이다. 여기서 타(垜)는 여장을 뜻하는 또 다른 용어다. 즉 "비예 = 여장 = 타"라 하겠다. 그렇다면 타안이란? 여장의 눈이라는 의미이기에 해석하자면 여장에 뚫어놓은 눈 역할을 하는 구멍을 말한다. 즉 방패에 작은 구멍을 뚫어 외부 모습을 확인할 수 있게 만든 것이다.

3. 타구(垜口)는 여장과 여장 사이의 틈이다. 그러니까 성 담장의 凹 형태에서 갈라진 틈을 말한다. 이처럼 성 위에다 담장을 두르면서 중간중간 틈을 만들어놓았는데, 전쟁 때는 병사들이 이 사이로 화살을 쏘았다. 여장에서 몸을 보호하다 타구를 통해 활을 쏘는 방식. 이러면 몸을 최소한으로 공개하며 적을 공격할 수 있게 된다. 아무래도 몸을 많이 보일수록 적의 공격에 당할 확률이 높아지는 만큼 성 방어에서 핵심적 역할을 하는 공간이라 하겠다.

여기까지 용어를 이해한 후 정약용의 글을 다시 읽어보면 다음과 같은 논리다.

적이 쳐들어왔을 때 여장에 숨어 공격을 피하면서 → 여장에 뚫어놓은 구멍을 통해 성 밖을 볼 수 있으나 → 수평으로 뚫은 구멍으로는 저 멀리에 있는 적을 → 기울여 뚫은 구멍으로는 수십 보 거리의 적을 확인할 수 있을 뿐이다. → 문제는 성 가까이까지 온 적의 경우인데 → 성 위에서 볼 수 있는 시점의 한계로 사각지대가 생겨 성벽에 붙어 있는 적이 무엇을 하는지 파악하기 어렵다. → 사람의 눈은 직선으로 볼 수 있을 뿐 곡선으로 볼 수 없기 때문. → 이에 현안을 설치하여 성벽 가까이 온 적이 무슨 행동을 하는지 확인해야 한다.

그렇다. 결국 현안은 성벽 가까이 온 적을 성 안에서 몸을 최대한 안전하게 둔 채 파악하는 것이 목표였던 것. 예를 들어 임진왜란 때 격전지였던 진주성 2차 전투에서 성 가까이 있는 적을 확인하던 황진이 숨어 있는 적의 조총 공격에 이마를 맞고 전사한 사건이 있었는데, 진주성 방어에 큰 축이었던 그의 전사로 크게 사기가 떨어지면서 바로 그 다음날 진주성이 함락되었다. 만일 진주성에 현안 시스템이 있었다면? 글쎄. 황진의 전사도 없었을 테고 그런 만큼

성 위에서 볼 수 없는 사각지대(노란색)는 방어에 큰 약점이 되는데, 현안을 통해 극복한다. ©Park Jongmoo

역사가 바뀔 상황도 충분히 만들어졌겠지. 이로써 정약용이 현안을 성 방어의 핵심으로 여긴 이유를 알 수 있다.

현안은 수원화성 성벽 곳곳에서 발견할 수 있는데, 아까 만난 팔달문 옹성을 포함하여, 봉돈 등에도 설치되어 있다. 뭐~ 나중에 현안을 또 다시 만날 테니 현안 1부는 여기서 마감하고 나중에 현안 2부로 이야기를 더 이어가기로 하자. 이처럼 수원화성은 계획적으로 만들어진 시설물의 성능을 하나하나 직접 경험할 때마다 재미가 2배, 3배로 증가한다는 사실. 다른 성곽보다 이런 시스템이 더욱 잘 갖추어져 있기에 직접 경험으로 얻는 재미가 더욱 크다고 하

성 밖에서 들여다본 현안. ⓒPark Jongmoo

겠다.

그럼, 다음 코스를 향해 이제 슬슬 이동~ 이동하기 전 창룡문에 있는 공사 실명제 증거를 마지막으로 확인해보자. 옹성 안쪽으로 공사를 담당한 감독관과 석공 우두머리 이름을 새긴 돌판이 있거든. 휴~ 찾았다. 매번 헤매다 찾는다니까. 이와 유사하게 수원화성 동서남북 문에는 공사에 참여한 인물의 이름을 새긴 실명판이 있는데, 이 중 창룡문이 나름 가장 선명하다. 다른 문의 글씨는 오랜 세월에 마모가 되어서 말이지.

읽어보니, "감동 전 영장 김기승, 감동 전 부사 김혁" 등이 보이는군. 감동 = 감독을 의미한다는 것은

공사를 담당한 감독관과 석공 우두머리 이름을 새긴 창룡문 돌판.
©Hwang Yoon

오늘 여행을 통해 여러 번 반복되어서 그런지 술술
넘어간다. 실명제를 통해 성 건설의 책임을 지도록
하는 모습. 이 또한 훌륭한 역할 분담의 방법이 아닐
까 싶다.

동북노대

　창룡문에서 성곽을 따라 북쪽으로 100m 정도 이동하면 동북노대(東北弩臺)라는 장소에 이른다. 검은 벽돌건물인 걸 보니 중요한 곳인가보다. 여기까지 함께 수원화성을 여행했다면 어느덧 검은 벽돌 = 중요 건물이라는 인식이 생겼을 것이다. 하하.

　계단을 올라 안으로 들어서면서 보니, 벽이 꽤나 두껍다. 벽돌로 만든 성 구조물 중 내부로 들어갈 수 있는 곳이 몇 되지 않는 만큼 이곳에서 다른 벽돌건물의 벽 두께가 어느 정도인지 간접경험을 해보자. 벽돌로 바깥과 확실히 구분된 공간은 묘하게도 아늑한 기분마저 들 정도. 마침 이곳에도 성벽 가까이 상황을 확인할 수 있는 현안이 2줄 설치되어 있는데, 현재 성 안을 돌고 있는 만큼 성 밖 모습은 《화성성역의궤》의 동북노대 그림으로 확인해봐야겠다. 그림에 두 줄의 선이 세로로 쭉 내려오고 있는데, 이것이 현안이다.

　다음으로 명칭을 살펴보자면 동북노대(東北弩臺)에서 동북은 이곳이 수원화성 동북쪽이라는 의미고

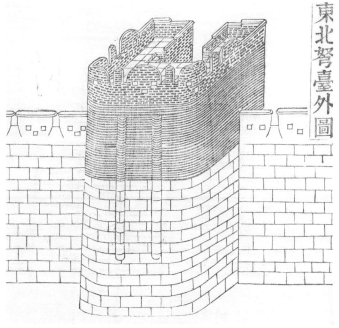

《화성성역의궤》, 동북노대 성 밖 모습, 국립중앙박물관.

노대는 노(弩)를 쏘기 위한 편편한 대(臺)라는 의미
다. 여기서 노는 다름 아닌 기계식 활로, 누구든 배우
기 쉬운 데다 활과 연결되는 화살 보관함 덕분에 최
대 10발까지 연속하여 쏠 수 있어 남다른 장점이 있
다. 마치 탄창 같은 느낌이랄까. 이와 비교하여 당시
조선의 주력 무기였던 조총은 연속 발사에 분명한
한계가 있었으며, 전통 활인 각궁은 오랜 연습과 팔
힘이 없으면 사용하기 어렵다는 약점이 있었다. 오
호라. 이곳은 전쟁 시 연발로 쏠 수 있는 노 덕분에

'훈국신조기계도설' 중 수노기(手弩機).

화살이 쉬지 않고 쏟아졌겠구나. 그런 만큼 주변으로 적들이 쉽게 다가오기 힘든 구역이었겠군.

동북노대에도 벽돌로 쌓은 벽과 벽 사이 틈이 벌어져 있으니, 이 또한 앞서 창룡문에서 이야기한 타구(垜口)라 하겠다. 이 사이로 노를 발사하면 된다. 게다가 벽에는 중간중간 타안(垜眼)이 뚫려 있어 다가오는 적의 모습을 확인하며 노를 이용해 공격할 수 있도록 하였다. 이 김에 마치 다가온 적을 방어하는 느낌으로 성벽 틈 사이로 바깥을 바라볼까?

서쪽 방향의 타구로 밖을 바라보니 이야~ 공심돈 위치까지의 성벽이 한눈에 펼쳐지는구나. 숨어 있는 뷰 맛집이로군. SNS에 올리면 여기가 어디냐고 물어볼 듯한 분위기. 이렇게 뷰가 좋은 만큼 여기 동북노

타구 사이로 바라본 동북공심돈. ©Park Jongmoo

대 서쪽 타구를 통해 원거리 공격을 가하면 서쪽 성
벽으로 다가오는 적들을 완벽하게 제압할 수 있겠
다. 이로써 타구도 대충 만든 것이 아니라 방어 목적
에 따라 여러 중요 지점을 바라볼 수 있도록 치밀하
게 구성했음을 알 수 있다. 성의 방어력을 높이기 위
해 여러 모로 고민한 흔적이 잘 느껴진다. 수원화성
은 이처럼 잘 구성된 성곽 디자인이 일품이다. 이 또
한 직접 경험을 해야 알 수 있는 대목이지.

동북공심돈

동북노대에서 70m 정도 서쪽으로 이동하면 동북공심돈을 만날 수 있다. 수원화성 중 북쪽 가장 끝 부분에 위치한 원통형 건물로 국내 성곽에서 볼 수 없는 독특한 디자인 덕분에 꽤나 유명하다. 아마 수원화성을 방문한 적이 없는 사람일지라도 사진을 통해 본 적이 있을 듯. 내부는 나선형 구조로 되어 있어 빙빙 돌아 올라갈 수 있지만, 매번 문이 닫혀 있어 안을 구경할 수 없으니 아쉽다. 어쩔 수 없이 《화성성역의궤》를 통해 내부를 이해할 수밖에.

그러나 나는 10여 년 전쯤 운 좋게도 동북공심돈 문이 열려 있어 안을 슬쩍 구경한 적이 있다. "이게 웬일이지? 기회다."라며 빙글빙글 돌아 옥상까지 올라간 기억뿐이지만. 하하. 그래도 들어가본 추억이라도 있으니 다행이야. 가을에 수원화성 세계유산축전이 개최될 때마다 공심돈 내부 체험 프로그램이 있다니, 혹시 궁금하신 분은 관련 이벤트를 알아보면 좋겠다. 개인적으로는 그냥 공심돈 내부를 공개하면 좋겠다는 생각이 든다. 수원화성을 재방문할

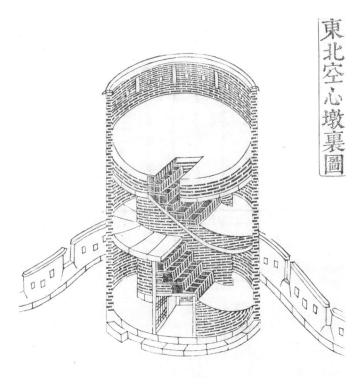

《화성성역의궤》, 동북공심돈 내부, 국립중앙박물관.

이유가 될 만큼 꽤나 인기 있는 코스가 될 텐데 말이지. 옥상 뷰가 꽤 멋지거든.

명칭을 살펴보자면 동북공심돈에서 동북은 수원 화성의 동북쪽에 위치함을 의미하고 공심돈(空心墩)은 건물 속이 비어 있는(空心) + 돈대(墩臺)라는 의미다. 그런데 속이 비어 있는 건물이란 과연 무슨 뜻일까? 이를 위해 우선 돈대부터 알아봐야겠군.

강화도에는 돈대가 무려 54개나 있는데, 이 중 대

《화성성역의궤》, 동북공심돈 성 바깥 모습, 국립중앙박물관.

부분인 48개가 숙종 시절 만들어졌다. 나머지 6개는
숙종 이후에 만들어진 것으로 조선 후기 들어와 국
가 요충지인 강화도의 방어력을 높이고자 중요지점
마다 세운 군사 시설물이었다. 보통 바다 조망이 탁
월한 곳(串)이나 언덕 정상부 혹은 산지 중턱에 각각
둘레 80~120m, 성벽 높이 2~4m로 축성되었으며 형
태는 원형, 반원형, 사각형태가 일반적이다.

　이렇게 만들어진 돈대는 혹시 등장할지 모르는

(위) 강화도 손돌목 돈대. (아래) 강화도 후애돈대.

적의 움직임을 감시하다가 비상시에는 성 안에 준비해둔 대포, 총, 화살로 적극 대응하도록 하였다. 게다가 일부 돈대는 봉수 기능을 갖추고 있어 주위로 적의 침략이 있음을 빠르게 알려줄 수 있었다. 실제로도 1866년 프랑스와 전투를 벌인 병인양요, 1871년 미국과 전투를 벌인 신미양요 때 조선군의 방어진지가 된 장소이기도 하다. 여기까지 살펴본 결과 돈대

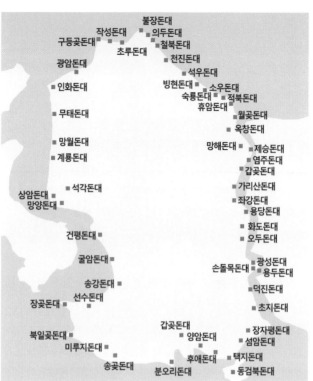

강화도 돈대 위치.

란 적의 위치를 파악하기 좋은 장소에 만들어진 작은 규모의 성곽 일종임을 알 수 있다.

이와 같은 축적된 경험을 바탕으로 수원화성을 만들면서 마찬가지로 돈대를 건설하였는데, 이때 명나라 병법서인 《무비지》 중 적대(敵臺)와 공심돈(空心墩)의 개념이 혼합 적용되었다. 조금 어려운 내용이니 집중해서 살펴보기로 하자.

각각의 개념은 다음과 같다.

1. 적대(敵臺) = 성벽에 설치한 방어 시스템

16세기 중반 들어와 몽골과의 대립으로 고민이
컸던 명나라에서는 기존의 성곽에서 한 단계 더 발
전된 방어시스템을 적극 도입하였다. 그것이 바로
허적대다. 《무비지》의 적대 그림을 자세히 살펴보면
성벽 위의 왼쪽 건물은 비어 있다는 의미를 지닌 허
(虛)를 써서 허대(虛臺), 오른쪽 건물은 가득 차다는
의미를 지닌 실(實)을 써서 실대(實臺)라 적혀 있다.
즉 적대의 경우 허적대와 실적대, 이렇게 두 가지 형
태로 구분된다는 의미.

한자 의미 그대로 실적대는 돌이나 흙으로 내부
를 꽉 채워 기둥처럼 만든 건물의 가장 꼭대기에다
망루를 설치한 반면 허적대는 벽돌를 이용하여 속이
비어 있는 3층 높이로 망루를 쌓았다. 이에 따라 허
적대는 그림처럼 내부에 설치된 나무 사다리를 통해
안전하고 쉽게 올라갈 수 있지만 실적대는 안이 꽉
차있기에 건물 바깥에 설치된 줄사다리 또는 계단으
로 올라가야 한다. 당연하게도 총알과 화살이 빗발
치는 전쟁 때는 목숨이 왔다 갔다 하는 큰 차이로 다
가왔을 것이다. 몸이 많이 들어나면 그만큼 공격을
받을 확률이 높아지니까.

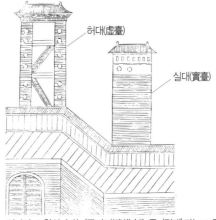

허대(虛臺)

실대(實臺)

명나라 모원의가 쓴 《무비지(武備志)》 중 '적대'라는 그림 중에서.

게다가 허적대의 경우는 각층의 비어 있는 공간마다 무기를 배치하여 3층 어디서든 공격이 가능하지만 실적대의 경우 꼭대기 한 층에서만 공격이 가능하다. 면적당 화력을 극단적으로 비교하면 허적대가 실적대보다 3배 높은 파괴력을 보여주는 셈이다. 한마디로 허적대 내부 면적 = 실적대 X 3인 만큼 더 다양하고 많은 무기를 내부에 배치하여 공격이 가능하다는 의미. 이해를 위해 《무비지》 그림을 보더라도 허적대는 각 층마다 무기를 쏠 수 있는 구멍이 있는 반면 실적대는 가장 윗부분만 구멍이 있는 걸 알 수 있다.

《무비지》에서도 "실적대를 쌓는 것은 허적대를 쌓는 것보다 못하다."라 분명하게 결론짓고 있다. 실제로 명나라에서는 '실적대 → 허적대'로 성곽 시스템이 발전하였으며, 명나라 말기에는 국경을 따라 무려 1400개의 허적대가 만들어졌다고 한다. 이 과정에서 성을 짓는 재료 역시 기존의 돌이나 흙이 아닌 벽돌이 적극적으로 사용되었다. 방어력을 갖춘, 속이 비어있는 3층 높이의 건물을 짓기 위해서는 아무래도 돌이나 흙보다 벽돌이 제격이었던 것.

2. 공심돈 = 속이 비어 있는 돈대

성벽 방어 시스템인 적대에 봉수 기능까지 갖춘 돈대 역시 본래 흙이나 돌로 건물 내부를 꽉 채워 마치 기둥처럼 세운 후 가장 꼭대기에다 적을 감시하는 초소를 만들던 단계에서 → 속이 비어 있는 벽돌 건물로 빠르게 변화하였다. 그렇게 등장한 속이 빈 돈대가 곧 공심돈이다.

공심돈의 경우 마치 허적대처럼 주변을 멀리까지 볼 수 있도록 3층 규모의 높은 건축물을 만들되 안을 비워서 내부에 설치한 나무 사다리로 올라가도록 하였다. 그뿐 아니라 각층마다 구멍이나 창문이 뚫려 있어 화약무기와 활로 적극적인 외부 공격이 가능했다.

명나라에서는 새로 등장한 공심돈을 국경의 중요 지점마다 세워 먼 곳을 감시토록 했는데, 적이 가까이 오면 봉수를 이용하여 침략 정보를 빠르게 알리

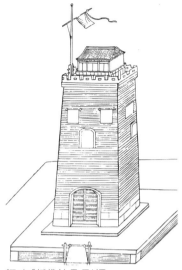

《무비지》(武備志) 중 공심돈.

면서 동시에 여러 공심돈들이 유기적으로 함께 방어에 임하도록 하였다. 숙종 시절 강화도에 만들어진 48개의 돈대가 이와 유사한 전략으로 만들어진 것이지만 조선은 돌로 만든 단층인 반면 명나라의 공심돈은 벽돌로 쌓은 속이 비어 있는 3층 구조라는 점이 큰 차이점이다.

해당 개념을 조선에서도 분명하게 인식하고 있었기에 다음과 같은 주장이 나올 수밖에 없었다.

속이 빈(호心) 적대(敵臺)를 만들어야 합니다. 성의 몸채 밖에 딱 붙여 의지해서 돌이나 석회·흙으로 쌓되 높이는 성보다 3, 4척(尺) 높게 하고 속을 텅

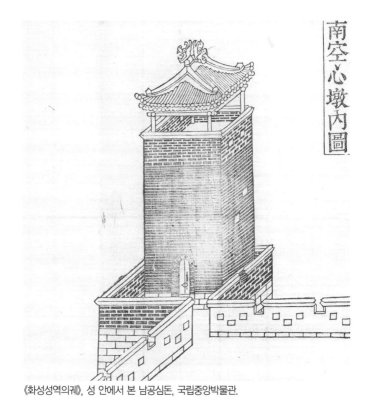

《화성성역의궤》, 성 안에서 본 남공심돈, 국립중앙박물관.

비게 한 다음 사다리를 만들어 성 안으로 사람이 통
행하게 하며, 대(臺)의 꼭대기는 넓고 우묵하게 만들
기를 힘써서 화약 무기와 활을 배치시키고 삼면(三
面)을 방어하며, 적이 성에 붙거나 성으로 공격하여
오는 것을 막는다면, 적이 감히 성에 접근하지 못할
것입니다.

《조선왕조실록》 정조 5년(1781) 10월 28일

《화성성역의궤》, 성 밖에서 본 남공심돈, 국립중앙박물관.

　이는 수원화성이 축조되기 훨씬 전에 병조참의였
던 윤명동이 정조에게 한 말로 기존 조선 성곽이 지
닌 방어력의 한계를 뛰어넘기 위해선 속이 빈 적대,
즉 공심적대(空心敵臺)를 성벽에다 만들어야 한다고
주장한 것이다. 한자 의미상 공심(空心) = 허(虛)이
므로 공심적대 = 허적대와 동일한 용어다.
　이러한 문제제기가 있었기에 수원화성의 경우 평
지나 구릉에 위치한 만큼 높다란 형태를 강조한 건

《화성성역의궤》, 서북공심돈 성 밖 모습, 국립중앙박물관.

물로 지어졌다. 위에서 아래를 내려다보는 높이가 충분히 확보되어야 방어역할에 더욱 충실할 수 있을 테니까. 남다른 위용은 덤이고. 덕분에 강화도 돈대와 비교해봤을 때 비록 둘레는 작지만 벽돌로 지은 높은 형태의 공심돈이 만들어졌으니 말 그대로 중국의 성곽 시스템이 적극적으로 적용된 것이다.

이렇게 수원화성에는 이곳 동북공심돈 외에 남공심돈, 서북공심돈 총 3개의 공심돈이 벽돌로 만들어졌으며, 제작 순서는 1. 남공심돈 → 2. 서북공심돈 → 3. 동북공심돈 순이다. 이로써 미루어 볼 때 처음 두 개는 《무비지》에 등장하는 허적대(공심적대)처럼 성벽에 결합한 디자인으로 만들었고, 3번째 동북공심돈에 이르러 성벽에서 조금 거리를 띄운 채 원통형으로 만들었음을 알 수 있다. 중국 성곽 구분법에 따르면 허적대 또는 공심적대가 맞겠지만 수원화성에서는 공심돈으로 불렸다. 아무래도 《무비지》에 등장하는 공심돈 디자인을 그대로 모델로 삼아 만들어졌기에 명칭이 그리 정해진 듯.

한편 가장 먼저 만들어진 남공심돈은 본래 팔달문 근처에 위치했으나 일제 강점기를 거치며 사라진 후 앞서 이야기한 남암문처럼 복원되지 못한 상황이다. 그나마 옛 사진을 통해 주변보다 높게 지어진 모습을 찾아 볼 수 있다. 서북공심돈은 운 좋게도

1907년 남공심돈, 남암문, 팔달문 사진, 국립민속박물관.

정조 시절 제작된 모습 그대로 지금까지 이어오고
있으며, 지면에서 가장 높은 부분까지 무려 13m에
이르는 남다른 높이를 자랑한다. 아무래도 남공심돈
과 서북공심돈 모두 평지에 만들어진 만큼 높이에
특별히 신경을 쓴 느낌이랄까.

반면 이곳 동북공심돈은 성 안에서 보이는 높이
가 5.4m에 불과하지만 나름 구릉 지대에 위치한 까
닭에 성 밖에서 바라보면 훨씬 높게 느껴진다. 산 높
이 + 건물 높이가 만들어낸 힘으로 인해 말 그대로
우뚝 서 있는 포스를 풍긴다. 《화성성역의궤》에는
동북공심돈의 독특한 디자인에 대해 "동북공심돈은
요동(遼東)과 계주(薊州) 사이의 들 가운데 있는 평
돈(平墩)을 모방하여 벽돌로 둥글게 쌓았다. 아래층
에서 벽 층계를 밟아 돈대의 꼭대기까지 오를 수 있
다."라 설명되어 있다.

요동과 북경 지역에 설치된 평돈(平墩), 명나라 시절 봉수대로 사용되었다.

　계주는 북경 동쪽 지역으로 요동과 함께 조선시대 연행사들이 한반도에서 북경을 오갈 때 매번 지나간 지역이다. 이때 얻은 정보를 바탕으로 동북공심돈을 만들었음을 알 수 있다. 여기서 평돈은 명나라 말기 만들어진 공심돈의 일종으로 봉수대로 사용하기도 했다.

　이렇게 수원화성에 제작된 3개의 공심돈은 중국의 성곽 방어 전략처럼 내부에 화약무기를 적극 배치하였는데, 지붕이 있는 구조인 만큼 비가 올 경우 화약이 젖는 약점마저 이곳에서는 통하지 않았다. 365일 날씨에 구애 받지 않고 총 3층에 배치된 강력한 화력으로 다가오는 적을 격퇴하는 임무를 맡은 것이다. 대포와 총 구멍도 여러 곳에 뚫어놓아 적이 어느 방향에서 공격해올지 알 수 없는 상황에서도 맞설 수 있었기에 마치 육지에 만들어진 거북선 같

동북공심돈. ©Park Jongmoo

은 느낌이랄까.

　여기까지 살펴보았듯이 동북공심돈은 바로 옆 동
북노대와 함께 수원화성 북쪽 지역을 지키기 위한
중요한 방어 시스템이었다. 안 그래도 높은 지대에
위치하여 공략하기 힘든 북쪽 성곽이건만 동북노대
에서 연속으로 발사되는 활과 3층 높이의 동북공심

돈에서 발사되는 화약무기가 만든 화망으로 인해 더욱더 적들이 수원화성 북쪽으로 쳐들어오기란 쉽지 않았겠군. 모양만 멋진 것이 아니라 상당한 방어능력을 갖춘 성곽 시스템이었던 것이다.

정조와 동장대

 동북공심돈 구경을 마치고 동장대(東將臺)로 이동한다. 남서쪽으로 160m 정도 걸어가면 도착. 담장 안으로 널따란 뜰이 있는데, 가장 높은 기단 위에 꽤 큰 기와건물이 있어 무척 인상적이다. 그뿐 아니라 높은 지대에 위치한 만큼 성 내부가 시원하게 펼쳐 보여 조심태가 왜 처음에 이 주변에다 봉수대를 건설하려 했는지 절로 이해가 될 정도.
 헌데 묘하게도 건물 중앙에 위치한 편액에는 동장대가 아니라 연무대(鍊武臺)라 되어 있네? 무예를 닦는 평평한 대(臺)라는 의미다. 실제로도 이곳은 동장대와 연무대, 이렇게 두 가지 이름이 모두 사용되는 장소다. 그래서인지 몰라도 전쟁이나 훈련 때는 동장대 이름 그대로 수원화성 동쪽에서 장수가 지휘하는 장소가 되었고, 평시에는 연무대 이름 그대로 무예를 훈련하는 장소로 운영하였다.
 게다가 성 축조 중에는 이곳에서 또 다른 중요 행사가 종종 개최되곤 했는데, 정조는 수원화성을 축조하는 동안 일하는 사람들의 수고에 대한 보답으로

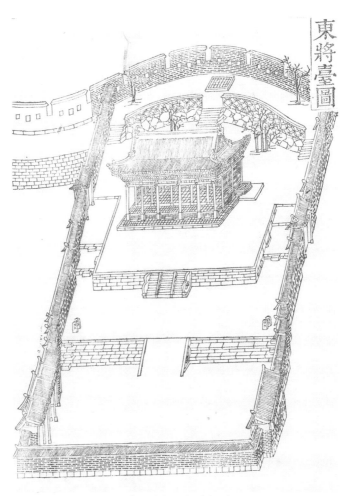

《화성성역의궤》, 동장대, 국립중앙박물관.

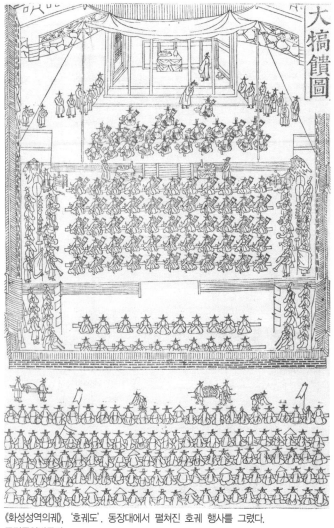

《화성성역의궤》, '호궤도'. 동장대에서 펼쳐진 호궤 행사를 그렸다.
국립중앙박물관.

왕이 음식을 내려주는 호궤(犒饋) 행사를 11번이나 개최하였다. 이 중 6번이 다름 아닌 동장대에서 펼쳐졌다는 사실. 특히 화성 축성이 마무리되던 시점인 1796년 8월 19일에는 《화성성역의궤》에 그림으로 남길 정도로 큰 규모의 호궤가 동장대에서 이루어졌다. 이날 참가자 수는 감독관과 일꾼 포함 무려 2700여 명에 달했다.

그렇게 성이 완성된 후 1797년 1월 29일이 되어서야 정조는 수원화성을 찾아온다. 본래 성 준공을 기념하여 1796년 10월 개최한 낙성연에 직접 오고자 했으나 딸의 홍역문제로 늦게 오게 된 것. 당시 정조는 팔달문 서쪽, 그러니까 팔달산 화양루에서 출발하여→화서문→서북공심돈→장안문→방화수류정→동장대→창룡문→남수문→팔달문→서장대 순으로 한 바퀴를 돌았다. 한마디로 팔달문을 기준으로 시계방향으로 돈 셈. 가만 보니 현재 팔달문을 기준으로 시계 반대방향으로 돌고 있는 나는 정조와 완전 반대로 돌고 있군. 하하.

그렇게 한창 성을 돌던 중 정조는 이곳 동장대에 이르러 다음과 같은 말을 하였으니.

동장대(東將臺)에 나아가 대에 올랐다. 상(上: 정조)이 여러 신하들에게 이르기를,

"우리나라의 성곽제도가 그동안 낡은 관념에 젖어있어 서울과 지방을 막론하고 치첩(雉堞)제도가 없었다.

과거 정승 김종서가 쌓은 함경도 종성(鍾城)의 성곽이 유일하게 중국의 것을 대충 모방하였는데, 성벽이 규형(圭形: 곡선으로 휘어 올라간) 형태로 위가 처마를 얹은 듯해서 내려다보기에 편리하다. 그러나 이 역시 치첩의 제도만은 못하다.

대개 옛날의 성 제도는 치첩으로 첫째를 삼았을 것인데, 우리나라의 성은 전체가 둥글어서 모서리가 없다. 그래서 성 위에 담벼락처럼 죽 둘러서서 지켜야만 비로소 적을 방어할 수 있는 것이다. 그러나 지금의 새로 쌓은 성은 처음으로 치첩의 제도를 도입하여 거리를 계산하고 따로 모서리를 만들어 성전체를 싸안았으므로, 매 치첩에 두서너 사람만 세우더라도 좌우를 살피기에 편리하여 적의 동태를 엿보기 쉽고, 밑에서 쳐다보면 치첩을 지키는 사람의 수를 제대로 파악할 수 없다. 이제야 우리나라도 성의 제도가 있다고 말할 수 있겠다.

다만 초루(譙樓)나 돈대(墩臺) 등이 가끔 엉뚱한 모양만 낸 것 같아서 실용에 적합하지 않다. 이것은 유수(留守) 조심태와 도청(都廳) 이유경이 다투어 논란하던 것으로 결국 도청의 주장에 따라 시행하

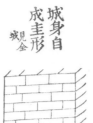

《화성성역의궤》, 규형(圭形)으로 지은 수원화성 성벽, 국립중앙박물관.

게 되었지만 나의 본뜻은 아니다."

라 하였다.

《조선왕조실록》 정조 21년(1797) 1월 29일

이날 정조는 신하들과 함께 완성된 수원화성을 한 바퀴 돌며 기분이 무척 좋았던 모양이다. 나름 자신의 즉위 20년 업적을 상징하는 결과물인 만큼 어깨가 으쓱으쓱. 무엇보다 중국 성곽에서 만날 수 있던 치(雉) 시스템이 이번 성에 적극적으로 적용된 부분을 강조하며 자랑하기에 여념이 없었지. 아, 맞다. 치 시스템은 나중에 성 밖을 돌며 확인해보기로 하

임진왜란 때 일본군이 만든 울산 서생포 왜성, 국립중앙박물관. 규형
(圭形) 성벽이 잘 드러난다.

자. 성 안보다 성 밖에서 보면 흥미로운 내용이거든. 앞서 이야기했듯 직접 경험해보는 것이 수원화성의 특별한 재미니까.

그뿐 아니라 정조는 성벽을 규형(圭形), 즉 곡선으로 휘어 올라간 형태로 쌓은 것을 특별히 강조하였다. 실제로 이런 디자인으로 성을 쌓으면 지면에서 완전히 직각으로 올린 성에 비해 아래 부분이 튼튼하여 성이 오래가는 데다, 성 위에서 아래를 내려다보기도 편하다고 한다. 이에 따라 정조는 수원화성 착공 직전인 1793년 12월 8일에 조심태, 이유경 등과 성 축조에 관한 토론을 하면서 세종 시절 김종서가 6진 개척 때 지은 함경도의 성이나 임진왜란 때 일본이 한반도 남부에 지은 왜성 등을 참조하여 수원화성도 규형(圭形)으로 성벽을 짓도록 명했다.

가만 생각해 보아도 성벽이 규형으로, 즉 넓은 아랫면에서 시작하여 윗면으로 갈수록 좁아진다면 성 위에서 고개를 조금만 내려다보아도 성 아래 부분이 보이겠지만, 완전 직각으로 쌓을 경우엔 성 아래를 보고자 하면 머리를 성벽 쪽으로 쭉 빼서 내려다보아야 한다. 이 작은 차이가 전쟁 때는 성 위에 배치된 병사의 안전과 직결되는 문제로 다가왔을 테지. 이 역시 나중에 성 밖을 돌며 확인해보기로 하자.

마지막으로 정조는 수원화성의 초루와 돈대를 언

급하였는데, 초루(譙樓) = 성 위에 세운 누각, 돈대(墩臺) = 공심돈을 의미한다. 그런데 완성된 초루와 돈대 중 일부가 왕의 마음에 들지 않았는지 "이것은 수원유수 조심태와 도청(都廳) 이유경이 다투어 논란하던 것으로 결국 도청의 주장에 따라 시행하게 되었지만 나의 본뜻은 아니다."라고 언급할 정도.

이를 미루어 볼 때 수원유수이자 감동당상이었던 조심태와 도청(都廳) 이유경이 수원화성을 짓는 도중 서로 다른 의견을 보이다 결국 이유경의 뜻대로 초루와 공심돈이 만들어진 것 같은데, 음, 정조는 과연 무엇이 마음에 들지 않았던 것일까?

화서루(華西樓)를 지나 공심돈(空心墩: 서북공심돈)에 이르러 여러 신하와 승지에게 이르기를

"공심돈은 우리 동국(東國, 조선)의 성곽제도에서 처음 있는 것이다. 여러 신하들은 마음껏 구경하라."고 하였다.

《조선왕조실록》 정조 21년(1797) 1월 29일

사실 완성된 수원화성을 한 바퀴 돌던 중 정조는 서북공심돈에 이르러 말하길 "우리나라 성에서 최초로 도입한 것"이라며 신하들에게 공심돈을 자랑하느라 여념이 없었다. 그런데 얼마 뒤 동장대에서 오자

이번에는 초루와 돈대, 즉 공심돈을 언급하면서 "나의 뜻이 아니다."라며 불만을 보인 것이다. 이는 곧 서북공심돈에서 동장대까지 오는 동안 마음에 들지 않은 부분을 만났다는 것인데.

마침 왕의 일기인 《일성록》에 정조의 마음에 들지 않았던 공심돈이 언급된다.

> 채제공이 아뢰기를,
> "공심돈 등 여러 곳을 또한 올라가 보았는데, (동북공심돈의) 층계가 구불구불하게 나 있으니 제도가 매우 기이하고도 교묘하였습니다."
> 하여, 내(정조)가 이르기를
> "이는 다 이유경이 만든 것으로 모두 중요치 않은 곳에 힘을 들인 것이다." 하니,
> 채제공이 아뢰기를, "위에 올라가 보니, 적을 엿보기에도 편리하면서도 성첩(城堞: 성과 여장)의 미관까지 해치지 않았습니다." 라 하였다.
>
> 《일성록》 정조 21년(1797) 8월 18일

정조는 1797년 1월 방문에 이어 같은 해 8월 17일에도 수원화성을 방문하였다. 이때 채제공은 국왕보다 미리 수원에 와서 8월 15~16일 동안 서장대와 동장대 등 수원화성 전반을 돌아보았는데, 여러 성곽

시스템 중에서도 동북공심돈 내부의 구불구불 돌아가는 건축 디자인이 대단히 인상적이었나보다. 아무래도 조선 어디에서도 만날 수 없는 묘한 형태였으니까. 하지만 18일에 정조는 채제공의 말을 듣고선 "이유경이 만든 것으로 중요치 않은 곳에 힘을 들였다."라며 불편한 심기를 드러낸 것이다.

결국 지난 1월 방문 때 정조가 동장대에서 언급한 마음에 들지 않은 공심돈은 다름 아닌 동북공심돈이었던 것. 마침 이곳 동장대에서도 동북동심돈이 무척 잘 보이니 말이지. 그러자 채제공은 정조가 왜 동북공심돈을 마음에 들지 않아 하는지 금세 알아채곤 "동북공심돈 위에 올라가 보니, 적을 엿보기에도 편리하면서도 성의 미관까지 해치지 않았습니다."라고 이야기하는 것이 아닌가? 한마디로 정조의 생각과 달리 성벽 전체와 잘 연결되며 가장 위로 올라가면 주변을 감시하는 역할도 충실하다고 의견을 보인 것.

채제공의 답변을 통해 알 수 있듯 정조는 다른 2개 공심돈과 달리 동북공심돈은 성벽과 완전히 연결된 형태가 아니어서 뭔가 어울리지 않아 보이는 데다 둥근 디자인마저 괜히 힘들여 만든 모습이라 생각한 모양이다. 이는 정조가 "돈대(墩臺) 등이 가끔 엉뚱한 모양만 낸 것 같아서 실용에 적합하지 않다."라는 비판과도 연결되는 부분이라 하겠다.

실무책임자 이유경

동장대에서 나와 다음 코스로 이동. 서쪽으로 조금만 이동하면 동암문이 나온다. 이곳을 통해 밖으로 나가고자 한다. 드디어 성 밖 구경을 할 시간이 왔네. 하하.

아, 그렇지. 생각해보니, 이유경(1748~1818)이 누구인지 제대로 설명하지 않을 뻔했군. 동장대에서 정조가 공심돈을 이야기하며 이유경을 언급했었는데, 실제로도 그는 수원성을 짓는 과정에서 조심태와 더불어 현장에서 적극 활동한 인물이다.

나이는 정조에 비해 불과 4살 위로 수원화성 축조에 있어 총책임자였던 채제공이 70대, 공사현장 총감독자인 조심태가 50대인 것에 비해 이유경은 정조처럼 40대였다. 나름 나이가 비슷한 만큼 말이 잘 통해서 그랬는지 정조는 수원화성 건설 동안 이유경을 주로 지금의 대통령 비서와 유사한 승지로 삼아 왕의 눈과 귀가 되어 수원화성과 관련한 여러 일을 진행토록 하였다.

이렇듯 이유경은 왕의 비서 역할인 승지를 겸하

이창운 초상. 보기 드물게 군복을 입은 초상화로 유명하다.

면서 수원에서는 도청(都廳)으로 활동했는데, 이는
건설 실무를 담당하는 임시직이었다. 이에 따라 감
동당상 조심태를 도와 수원화성 축조를 진행하였으
며, 나름 건설 현장에서는 조심태 다음 가는 2인자
위치였다. 왕의 비서라는 역할을 겸하고 있었던 만
큼 당연히 현장 발언권 역시 상당할 수밖에.

한편 그의 아버지는 무과출신으로 당파가 소북인 이창운(1713~1791년)이었다. 영조와 정조 시절 군사권과 관련한 벼슬은 사실상 노론 출신이 장악했기에 다른 당파의 경우 고위직 자리를 얻기가 쉽지 않았다. 참고로 소북은 임진왜란 이후 북인에서 분리된 당파로서 인조반정 이후 지리멸렬한 상태를 이어가다 18세기에는 정치적으로 남인과 함께하는 모습을 보였다. 앞서 연행사 이야기에 등장한 강세황이 소론계 남인인 것처럼. 한마디로 소수 당파 출신이란 의미다.

그럼에도 불구하고 이창운은 남다른 능력을 인정받아 어영대장, 삼도수군통제사, 총융사, 좌우포도대장 등 종2품 고위 무관직을 역임하였다. 나이가 꽤든 시점에도 늠름한 모습을 보였기에 정조는 그를 노익장을 상징하는 '복파장군'이라 칭찬했을 정도. 최종적으로는 정2품 관직까지 오른다.

> 이유경을 삼도수군통제사로 삼았다. 비변사가 추천한 것이다.
>
> 《일성록》 정조 20년(1796) 7월 6일

> 명을 내리기를,
> "근래 날씨가 더워서 성 축조를 일단 정지했지만

이달이나 다음 달 사이에 공사가 끝날 것이다. 이런 시기에 도청의 직임을 생소한 사람에게 맡길 수는 없으니 이유경이 계속 도청의 일을 살피도록 총리대신(채제공)을 시켜 즉시 통지하게 하라."라고 하였다.

《일성록》 정조 20년(1796) 7월 7일

아버지 이창운처럼 대를 이어 1774년 무과에 합격한 이유경은 정조의 남다른 총애를 받았다. 예를 들면 1787년 왕의 명으로 군사훈련지심서인 《병학지남(兵學指南)》을 출판하는 과정에서 책의 범례를 쓰는 등 병법 이론가로서 모습을 보였으며, 1791년 한강 배다리 건설에서는 실무적인 의견을 제출한 데다, 1793년에는 배다리를 건설하는 관청의 실무책임자를 맡기도 했다.

이러한 경력에 따라 앞서 설명했듯 수원화성 축조에서도 그가 유독 잘하는 실무적인 일을 맡은 것. 오죽하면 건설 막바지인 1796년 5월에는 왕의 친위대를 통솔하는 종2품 금군별장에 임명된 적이 있었는데, 그러자 조심태는 이유경이 건설현장에서 반드시 필요한 인물이라 주장하는 것이 아닌가? 덕분에 수원화성 일을 계속 맡게 되었지만 얼마 뒤인 1796년 7월이 되자 이번에는 비변사의 천거로 삼도수군통제사로 임명되기에 이른다. 그러자 또다시 정조가 특별한 명을 내려 이유경에게 수원화성 건설 일을 계속 맡게 할 정도로 남다른 일처리 능력을 인정받았다.

무엇보다 공심돈 건설에 있어 지대한 공을 세운 인물이니, 수원화성을 대표하는 건축물인 공심돈을 볼 때마다 이유경이라는 이름도 함께 기억해주면 좋겠다.

7. 성 밖으로 나가다

포루(舖樓)와 포루(砲樓)

동암문을 통해 성 밖으로 나왔다. 지금은 성 안 계단을 통해 마치 지하층을 가듯 아래로 쭉 내려가야만 동암문을 통과할 수 있다. 이는 동암문 주변으로 도로와 학교가 만들어지면서 성 안의 지반이 크게 높아져 생긴 현상이다. 과거에는 현재 문이 위치한 지반을 따라 어느 정도 경사가 있었을 뿐 이정도로 밑으로 쭉 들어가는 형태가 아니었다고 하는군. 즉 문을 제외한 계단은 현대 들어와 재창작된 모습이다.

성 밖에서 본 동암문은 벽돌로 제작해서 그런가? 왠지 모를 단단한 느낌이 든다. 암문이라는 명칭처럼 숨어있는 문답게 양쪽 성벽이 안으로 말려들어간 사이에다 문을 만들었다. 정면에서는 문이 보이지만 조금만 옆으로 이동해도 문이 보이지 않도록 전략적인 설계를 한 것.

성 아래 길을 따라 서쪽으로 걸어가며 고개를 들어 위를 바라본다. 성벽이 저 높은 구릉 위에 있어서 그런지 확실히 더 웅장해 보이는걸. 당연하겠지만

《화성성역의궤》, 동암문, 국립중앙박물관.

성 안뿐만 아니라 성 밖도 함께 돌아봐야 성의 위용을 제대로 느낄 수 있는 듯하다. 그런데 성벽이 쭉 이어지다 중간에 툭 튀어나온 성곽이 있군. 마치 ⊔형태로 말이지. 게다가 해당 성곽 위로는 기와건물이 올라서 있다. 저 건물의 명칭은 바로 동북포루(東北舖樓).

그렇다면 포루란 과연 무엇일까?

사실 수원화성에는 두 가지 종류의 포루가 있다. 1. 초소를 뜻하는 포(舖)를 쓴 포루(舖樓)가 있고, 2. 또 다른 하나는 대포를 뜻하는 포(砲)를 사용한 포루(砲樓)가 있다. 한글은 같아도 한자 뜻이 다른 만큼 목적 역시 각기 다르다. 포루(舖樓)는 말 그대로 초

《화성성역의궤》, 동북포루 성 밖 모습, 국립중앙박물관.

소역할을 하는 장소이며 포루(砲樓)는 공격요새로서 특징이 강화되어 전쟁 시 대포 등 여러 화약무기를 발사하는 장소이다.

동북포루는 수원화성 동북쪽에 위치한 초소를 뜻하는데 이와 같은 기능을 지닌 포루(舖樓)는 수원화성에 총 5개가 있으며 과거에는 경계 근무를 위해 평상시에도 병사가 활동하지 않았을까? 군대시절 경계근무를 많이 서봐서 그런지 남 일 같지 않게 다가오네. 무엇보다 경계 근무를 오래 서다보면 갈수록 무

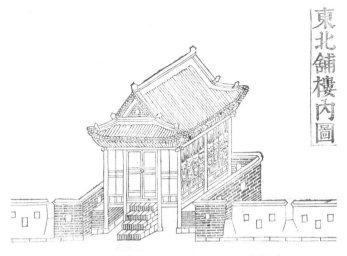

《화성성역의궤》, 동북포루 성 안 모습, 국립중앙박물관.

룻이 아파 오는데, 제대 시기가 되자 욱신욱신할 정
도였음. 하지만 제대하고 조금 시간이 지나니 그냥
싹 나았다. 아마 수원화성에서 근무했던 병사도 나
와 비슷한 경험을 했었겠지?

반면 대포를 뜻하는 한자를 쓰는 포루(砲樓)는 주
로 전쟁 시 활약하는 공간으로 성벽을 따라 ⎍형
태로 튀어나왔으며 수원화성에는 총 5개의 포루(砲
樓)가 있다. 나중에 어차피 만날 예정이지만 이야기
가 나온 김에 설명을 하자면 공심돈의 또 다른 버전
이라 보면 된다.

공심돈이 성 위로 우뚝 서 망루 역할을 하면서 전
쟁 시에는 총 3층에 배치된 화약무기를 이용해 위에
서 아래 각도로 적을 공격한다면 포루(砲樓)는 성벽

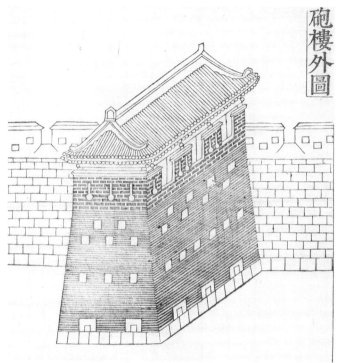

《화성성역의궤》, 포루(砲樓) 성 밖 모습, 국립중앙박물관.

과 거의 일치한 높이로 만들되 내부를 총 3층으로 만들어 성 가까이 온 적을 강력한 화력으로 격퇴하는 용도다. 즉 성 위로 3층이면 공심돈, 성 아래로 3층이면 포루(砲樓)인 것이다.

　포루(砲樓)는 공심돈과 마찬가지로 벽돌로 전체 벽을 만들되 화포가 발사되는 면적을 가능한 더 넓게 만들고자 초소 역할을 하는 포루(舖樓)보다 성벽에서 조금 더 길게 ⌐⌐ 형태로 쭉 뻗어 나와 있다.

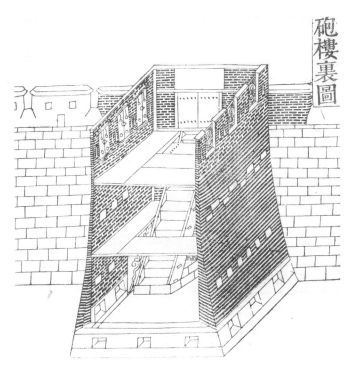

《화성성역의궤》, 포루(砲樓) 성 안 모습, 국립중앙박물관.

그만큼 수원화성 방어에 매우 중요 건물이라는 의미.

그렇게 수원화성에는 포루(舖樓)와 포루(砲樓)가 서로 교차되듯 사이사이 배치되었으니, 이 또한 방어의 효율성을 위해 전략적으로 구성한 결과물이다. 오, 걷다보니 드디어 수원화성의 꽃인 방화수류정이 저기 보이네.

방화수류정과 동북포루

방화수류정(訪花隨柳亭)은 송나라 유학자 정명도의 시에 등장하는 방화수류과전천(訪花隨柳過前川)에서 따왔다고 한다. "꽃을 찾아 버드나무를 따라 앞강을 넘네."라는 뜻이라는군. 성곽 이름치곤 너무나 우아한데, 실제로도 이 주변 분위기는 참으로 멋지다. 버드나무와 함께하는 용연(龍淵)이라는 연못이 바로 옆에 위치한 성과 너무나 잘 어울린다. 덕분에 방화수류정 위에서 연못 주변을 내려다보는 뷰가 참으로 끝내주지만 지금처럼 아래에서 연못을 즐기며 위에 있는 정자를 감상하는 것도 참으로 멋지다. 나름 운치가 느껴진다고나 할까? 이곳에서도 사진을 찍어봐야겠다. SNS에 올리면 좋은 반응이 나올 정도로 멋진 뷰.

장안문을 지나 방화수류정에 이르러 조그만 과녁을 설치하고 임금이 화살 삼순(三巡)을 쏘아 삼시(三矢)를 맞힌 뒤 여러 신하들에게 짝지어 활을 쏘라고 명하였다.

《화성성역의궤》, 방화수류정, 국립중앙박물관.

상(上: 정조)이 정자 아래에서 백성들이 꽉 둘러서서 구경하는 것을 보고 수원유수 조심태에게 명하여 그중에 활을 잘 쏘는 자를 뽑아서 활쏘기를 시험하게 한 다음 1등을 한 1인에게 바로 전시(殿試)를 볼 수 있는 자격을 주고 풍악을 내려서 보내었다. 여러 신하들에게 술을 내리고 임금이 칠언 소시(七言小詩)를 지은 뒤 여러 신하들에게 화답하여 올리라고 명하였다.

《조선왕조실록》 정조 21년(1797) 1월 29일

앞서 이야기했듯 수원화성이 완공되고 처음 이곳을 방문한 정조는 성을 한 바퀴 돌면서 방화수류정에서 즐거운 이벤트를 개최하였다. 왕과 신하들이 우선 활을 쏜 후 정자 아래 구경나온 백성들, 그러니까 현재 내가 있는 이 주변으로 모인 사람들을 상대로 활쏘기 시험을 개최하여 이 중 1등에게 전시(殿試) 자격, 즉 무과 3차 시험을 볼 수 있도록 한 것이다. 과거시험은 1~2차 시험에서 이미 합격자를 정하고 3차에서는 합격자 중 순위를 결정하는 방식이었기에 사실상 이곳에서 무과 합격생 1명이 배출되는 셈. 그만큼 즐거운 기분을 백성들과 나누고 싶었나 보다. 우연치 않게 큰 상을 받은 이는 이날 기분이 얼마나 좋았을까. 로또 맞은 기분의 곱하기 10배 정도로 추정.

이렇듯 정조가 특별히 좋아한 방화수류정은 군사적 목적에 따라 동북각루(東北角樓)라고도 불렸다. 동장대처럼 두 가지 이름을 가지고 있는 것이지. 해석하자면 수원화성 동북쪽에 위치한 각루라는 의미다. 아, 맞다. 오늘 수원화성을 한 바퀴 돌기 시작할 때 동남각루에서 출발했었구나. 오호라, 이런 우연이. 별것 아닌 것에 감탄하는 거 보니 내가 나이가 들긴 했나보다. 하하.

각루(角樓)란 성 모서리 중 특히 주변이 훤히 잘 보이는 요충지에 세운 누각이다. 성벽 중 소위 돌출된 부분에 만들었다고 생각하면 이해하기 쉽다. 이를 위해 1. 성 모서리 지점에다 인위적으로 ⌐⌐ 형태로 돌출된 성곽을 만들거나 2. 또는 자연적으로 돌출된 지형 위에 성곽을 만드는 방식이 동원되었다. 이런 방식으로 수원화성에는 총 4개의 각루가 만들어졌는데, 왜 그냥 성을 둥글게 쌓지 않고 중간중간 ⌐⌐형태로 튀어나오게 했는지 궁금하다.

대개 옛날의 성 제도는 치첩으로 첫째를 삼았을 것인데, 우리나라의 성은 전체가 둥글어서 모서리가 없다. 그래서 성 위에 담벼락처럼 죽 둘러서서 지켜야만 비로소 적을 방어할 수 있는 것이다. 그러나 지금의 새로 쌓은 성은 처음으로 치첩의 제도를 도입하여 거리를 계산하고 따로 모서리를 만들어 성 전체를 싸안았으므로, 매 치첩에 두서너 사람만 세우더라도 좌우를 살피기에 편리하여 적의 동태를 엿보기 쉽고, 밑에서 쳐다보면 치첩을 지키는 사람의 수를 제대로 파악할 수 없다. 이제야 우리나라도 성의 제도가 있다고 말할 수 있겠다.

《조선왕조실록》 정조 21년(1797) 1월 29일

이쯤 되어 동장대에서 정조가 언급한 말을 다시 한 번 살펴봐야겠다. 이때 정조는 "치첩(雉堞) = 치"를 무척 강조하였는데, 치 = 꿩 치(雉)를 사용한다. 꿩이 자기 몸을 숨기고 잘 엿보기에 여기서 가져온 명칭이다. 실제로도 내가 자주 오르는 관악산에도 꿩이 사는데, 인기척이 조금만 느껴져도 바로 사라진다. 그렇다면 꿩처럼 자기 몸을 숨기고 잘 엿본다는 의미를 이해하기 위해 북암문을 통해 성 안으로 잠시 들어가보자. 이 또한 직접 경험~

벽돌로 만들어진 북암문을 통해 성 안으로 쑥 들어오면 약 40m 앞으로 방화수류정이 있다. 그렇게 방화수류정 쪽으로 이동하던 중 고개를 돌려 동쪽을 바라보니, 우와~ 용연에서 방화수류정을 바라보는 것 못지않게 우아한 성의 모습이 눈에 보이는걸.

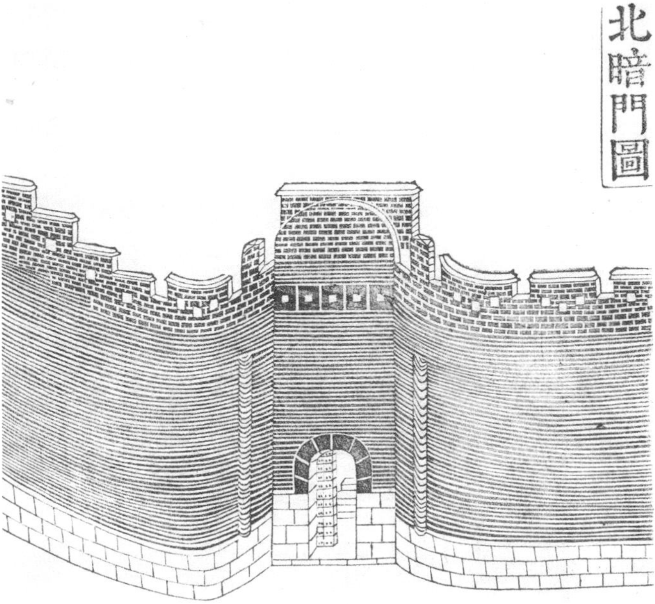

《화성성역의궤》, 북암문, 국립중앙박물관.

매번 이곳에 올 때마다 감탄한다니까. 이곳 역시 아름다운 사진을 찍기에 좋은 지점이다.

저기 높다란 곳에 위치한 동북포루가 마치 성의 머리처럼 보인다. 성벽이 몸통이라면 동북포루는 용머리 같은 느낌? 동북포루가 _ᅟ⎍_ 형태로 돌출되어 더욱 그렇게 느껴지는 듯하다. 그런데 마찬가지로 돌출된 지형인 방화수류정에서 바라보자 동북포루까지의 성벽이 아래 부분부터 윗부분까지 숨김없이 다 보인다. 아, 맞다. 이와 유사한 뷰를 아까 동북노대에서 동북공심돈을 바라보면서도 만난 적이 있었

저기 높다란 곳에 위치한 동북포루가 마치 성의 머리처럼 보인다. 성벽이 몸통이라면 동북포루는 용머리 같은 느낌. ⓒPark Jongmoo

다. A지점에서 B지점까지 성벽이 한 눈에 보이는 모습이 참으로 유사하네. 그런만큼 성벽 가까이 온 적을 확인하고 공격하기에 최적화된 듯하다.

이제야 비로소 "거리를 계산하여 모서리(치)를 만들어 매 치마다 두서너 사람만 세우더라도 좌우를 살피기에 편리하고 적의 동태를 엿보기 쉽다"는 정조 이야기의 의미가 이해가 된다. 성의 모서리 부분에서 모서리 부분을 바라보니, 정말로 성 방어에 있어 큰 약점 중 하나인 사각지대가 마법처럼 해결된다. 게다가 성벽으로 인해 내 몸은 적으로부터 숨길 수 있고 말이지. 꿩이 된 느낌이 바로 이것이구나. 인간으로 태어나서 꿩의 기분도 느낄 수 있다니, 역시 수원화성은 최고.

꿩 치(雉)

　　실제로 이곳 방화수류정과 동북포루, 그리고 동북노대와 동북공심돈은 각각 성벽 바깥으로 돌출된 형태여서 유사한 성벽 뷰를 보여준 것이다. ⌐∏⌐ 형태의 성곽 = 치(雉)를 만들자 그 사이 성벽의 경우 사각지대가 사라지는 놀라운 효과가 만들어졌다. 이에 따라 방어 병력이 치의 여장(女墻)에 몸을 숨긴 채 공격을 가하면 성 가까이 오던 적은 여장에 숨은 방어 병력을 제대로 볼 수 없지만, 정작 자신의 몸은 고스란히 드러나는 커다란 약점을 보이게 된다. 이렇듯 전쟁에서는 몸이 많이 보일수록 전사 확률이 높아지니, 치의 경우 방어 측은 유리하고 공격 측은 불리하게 만드는 남다른 위력을 지녔음을 알 수 있다.

　　반대로 치가 없다면 어찌될까? 앞선 정조의 말대로 병사들이 성 위에 담벼락처럼 죽 둘러서서 지켜야만 적을 방어할 수 있겠지. 치가 없어 여기저기 사각지대가 많아지는 만큼 성을 지키는 병사가 오히려 더 많이 필요할 테니까. 이처럼 거리를 잘 계산하여 성벽 중간 중간에 치를 설치한다면 성의 사각지대가

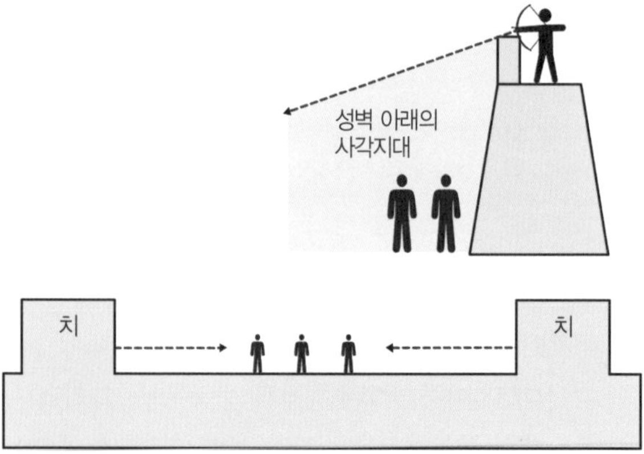

치와 사각시대.

적어지는데다 지키는 병사 숫자도 줄여주는 효과가 생긴다. 마법이 아니라 사실은 수학 공식과 유사한 것.

방어상 분명한 장점이 있기에 수원화성에는 ⎍ 형태의 성곽 = 치를 여러 군데 만들었다. 이 중 가장 기본형은 돌출된 성곽 형태의 치로서 수원화성에는 총 8개의 치(雉)가 있다. 말 그대로 치 본연의 모습을 잘 보여준다.

그뿐 아니라 기본형 치에다 누각을 올려 4개의 각루(角樓) 및 5개의 포루(舖樓)를 만들었고, 아예 공격요새로 만들면서 5개의 포루(砲樓)가 등장한데다 노(弩)를 설치하는 노대(弩臺)를 구성했으며 수원화성을 돌며 구경한 공심돈과 봉돈 역시 치에다 추가적인 다른 목적을 더하여 건물을 올린 경우다.

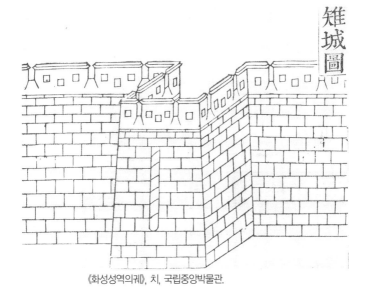

《화성성역의궤》, 치, 국립중앙박물관.

> "여기저기에서 제도를 자세히 살피고 검토하여
> 근거로 삼고 예전과 지금의 제도를 참작하여, 여러
> 좋은 방법을 모아 그중에서 훌륭한 방법을 채택하
> 였습니다. 이 방법에 따라 치(雉)를 만들되, 치마다
> 포루(砲樓)를 설치하거나 적루(敵樓)·적대(敵
> 臺)·포루(鋪樓)·노대(弩臺) 등을 설치하도록 하였
> 습니다."
>
> 정약용, 《여유당전서(與猶堂全書)》, '포루도설(砲樓圖說)'

마침 정약용의 수원화성 기본 설계에서도 치에다
여러 가지 기능을 더할 수 있다고 하였으니, 이런 개
념이 축조과정에 그대로 적용된 것이다. 결국 각루,

포루, 노대, 공심돈, 봉돈 등도 사실상 치의 일종이다. 수원화성만큼 치가 잘 구성된 성은 한반도에서는 보기 힘드니, 그만큼 고민한 흔적이 잘 느껴지는 성이라 하겠다.

다만 치를 사용해도 성의 사각지대가 완전히 극복되는 것은 아니라는데 다름 아닌 치의 정면에 또다른 사각지대가 생겨나기 때문이다. 그렇다면 치정면의 경우 어떻게 하면 사각지대를 최소한으로 만들 수 있으려나? 오호~ 바로 답이 나오다니. 정답~ 아까 창룡문 옹성에서 만난 현안(懸眼)이 그것이다.

현안은 앞서 설명했듯 성 위에서 볼 수 없는 성벽 아래를 감시하기 위하여 만든 시설이다. 성 위에서 성벽 아래로 난 긴 통로를 통해 성 밑에 위치한 적을 확인할 수 있으니 말이지. 바로 그 현안이 주로 설치된 장소가 다름 아닌 옹성과 치(雉)다. 이처럼 성벽 앞으로 돌출된 치에 현안을 설치하여 사각지대를 최대한 극복하고자 하였다. 마찬가지로 옹성도 성벽에서 가장 돌출된 부분이기에 사각지대를 극복하고자 현안이 설치된 것. 이로서 현안과 치가 결합되면 성 방어력에 얼마나 큰 도움이 되는지 직접 경험을 통해 이해해보았다.

화홍문을 지나

수원화성에는 북에서 남으로 관통하여 흐르는 수원천이 있다. 서울 종로로 치면 청계천과 유사한 느낌이랄까. 그런데 수원천이 장마 때마다 자주 범람하므로 주변 물길을 정비한 후 수원화성 남북에 각각 수문을 건설했으니, 북수문은 화홍문, 남수문은 그냥 남수문이라 이름이 붙여졌다.

화홍문(華虹門)은 화성(華城) + 무지개(虹) + 문(門)이라는 멋진 의미를 지니고 있건만, 남수문은 왜 멋진 별칭이 없을까? 이유는 잘 모르겠지만 실제로도 화홍문이 남수문에 비해 훨씬 화려하며 주변 경관도 훌륭하다.

어쨌든 하천이 통과하는 두 문 덕분에 수원화성에 살던 사람들은 마치 돌다리를 이용하듯 수문을 건널 수 있게 된다. 오~ 맞다. 오늘 여행하는 나 역시 남수문과 북수문 모두 다리를 이용하듯 건너보았구나. 한편 성 안에는 성 축조와 함께 오교(午橋)라는 나무다리를 만들었으며, 1814년 돌다리로 개축되면서 매향교(梅香橋)라는 이름으로 변경되었다. 안타

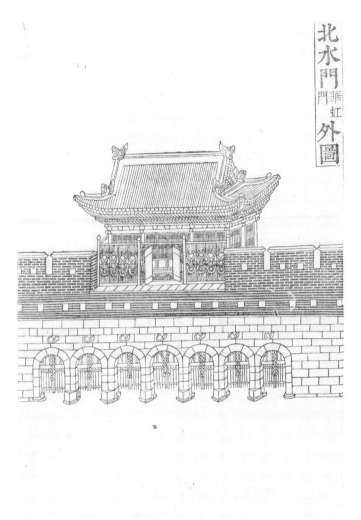

《화성성역의궤》, 화홍문(북수문) 성 밖 모습, 국립중앙박물관.

《화성성역의궤》, 남수문 성 밖 모습, 국립중앙박물관.

깝게도 돌다리는 일제강점기를 거치며 홍수와 함께 사라지고 말았다. 즉 조선시대에는 총 3개의 다리가 수원화성에 존재했다는 사실. 지금이야 편리를 위해 크고 작은 다리가 더 연결된 상황이다.

화홍문과 남수문도 모두 성곽의 일부이기에 당연히 방어 시스템을 갖추고 있다. 확인차 화홍문 서쪽 성벽으로 뚫려있는 길을 따라 성 밖으로 나간 후 방화수류정 방향으로 잠시 구경해본다. 여기서 바라보니 저 위에서부터 수문까지 성벽이 쭉 연결되는 형태가 무척 잘 드러나는구나. 수문임에도 대포와 총을 쏠 수 있는 구멍이 여럿 나 있고 말이지. 마찬가지로 여장과 여장 사이에는 타구(垜口)가 있어 활도 쏠 수 있다.

그뿐 아니라 물이 흐르는 아치에는 본래 철로 만든 울타리가 설치되어 있었다. 《화성성역의궤》 그림에도 아치 부분에 철책으로 만든 울타리가 굵은 선으로 잘 표현되어 있다. 한마디로 물 이외에는 함부로 이동할 수 없도록 한 것. 결국 문은 문인데 사람이 아닌 물을 위한 문이다. 이찌 보면 성에 있어 큰 약점이 될 수 있는 장소를 마치 다리 위의 성벽처럼 만들어 적극적으로 극복한 모습이다.

이제 다시 성벽을 따라 성 밖 구경을 이어가보자. 여기서부터는 수원화성 북쪽에 위치한 평지성이다. 그런 만큼 성벽 높이가 구릉 쪽에 비하면 꽤 높아졌다. 아참~ 그리고 수원시에서 신경을 써서 수원화성은 성벽 바깥으로도 공원이 잘 만들어져 있다. 공원을 즐기며 성도 함께 구경하는 코스라 하겠다. 성 안팎을 다 즐길 수 있게 하여 참 기분이 좋구나.

그렇게 걷다보면 북동포루(北東砲樓)를 만난다. 벽돌로 지어진 포루로서 꽤나 듬직한 모습이 인상적이다. 흥미로운 점은 《화성성역의궤》 포루 그림에 따르면 지붕이 우진각지붕으로서 4면 모두 기와로 덮여있는 형식인데, 이곳 북동포루는 성 밖은 우진각지붕이나 성 안은 맞배지붕으로 되어있다. 참고로 맞배지붕은 지붕과 지붕 사이의 측면이 ㅅ자 모양으

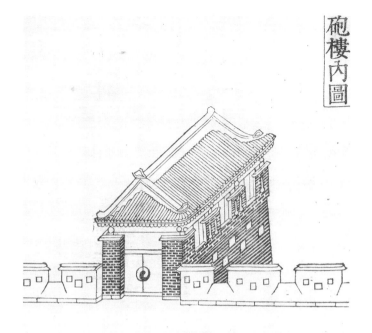

砲樓內圖

《화성성역의궤》, 포루(砲樓) 성 안 모습, 국립중앙박물관.

로 기와 없이 비어있는 형태.

우진각지붕과 맞배지붕이 겹쳐 있다니, 묘한 매력을 지녔는걸. 아무래도 본래 계획은 의궤처럼 우진각지붕으로 만들려 했으나 알 수 없는 모종의 이유로 이런 디자인을 가진 지붕이 된 듯하다. 실제로도 5개의 포루(砲樓) 중 북동포루와 북서포루, 이렇게 2개는 두 지붕 디자인이 반반 섞인 형태로 지어졌지만 나머지 3개는 의궤 그림처럼 완전한 우진각지

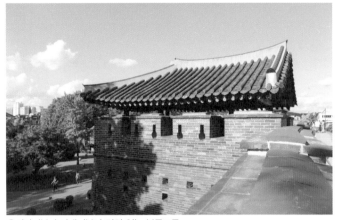
우진각지붕과 맞배지붕이 겹쳐 있는 북동포루. ⓒPark Jongmoo

붕으로 지어졌거든.

그뿐 아니라 북동포루 성벽을 보면 규형(圭形) 디자인이 잘 드러난다. 성 아래 부분에서 3분의 2지점까지 위로 갈수록 성벽이 점차 좁아지다가 마지막 3분의 1 지점부터는 직각에 가깝도록 쭉 뻗어 있으니 말이지. 물론 일본이 한반도 남부에 만든 왜성처럼 드라마틱한 규형은 아니지만 성벽 아래 부분이 튼실하여 나름 안정적으로 느껴진다. 일반 성벽도 규형(圭形)으로 쌓았겠지만 특히 이곳에서 규형이 잘 느껴져 주목해보았다.

다음으로 화포와 총을 발사하기 위한 구멍을 이리저리 살펴보니 이곳은 치(雉)의 일종임에도 현안(懸眼)이 보이지 않는다. 아까 사각지대를 극복하기 위해 성벽에서 돌출된 치에는 현안을 만들었다고 이야기 했는데, 과연 무슨 일일까?

뭐. 이유는 간단하다. 만들 필요가 없었기 때문이다. 현안은 성 위에서 보이지 않은 성 아래 부분을 확인하고자 도입한 시스템인데, 포루(砲樓)는 성벽과 일치하는 높이로 공심(空心), 즉 내부를 비워둔 채지었기에 포루 안에서 얼마든지 여러 구멍을 통해 성 아래 모습을 확인할 수 있었거든. 한마디로 사각지대가 처음부터 존재하지 않는다는 의미. 그러니 굳이 현안을 만들 필요가 없었던 것이다.

동북포루에서 서쪽을 바라보면 치가 하나 보인다. 북동치라는 곳인데 마침 치와 치 사이의 거리를 제대로 느낄 수 있다. 수원화성의 경우 대략 130~160m마다 치를 건설하여 성을 빙 둘렀는데 이렇듯 각각의 치가 마주보며 성벽을 방어했음을 알 수 있다. 당시 조선군의 주력무기인 조총의 유효 사거리가 약 70m 정도이므로 치와 치를 만들 때 그 부분까지 계산에 넣은 듯하다. 수원화성은 참으로 여러 고민의 흔적이 느껴지는 성이다.

북동치까지 걸어가 성벽을 바라보니 오호라, 이곳에는 사각지대를 극복하기 위한 현안이 성곽 중앙에 한 줄 보이는군. 이로서 치에 현안이 어떻게 배치되어 있는지도 직접 눈으로 확인~

8. 장안문과 중국

장안문

　수원화성의 정문인 장안문에 도착했다. 남문인 팔달문과 쌍둥이처럼 거의 동일한 크기다. 그런데 장안문(長安門)에서 장안(長安)이란 한나라 수도 명칭이었기에 참으로 의미심장하군. 시황제의 진나라가 중국을 최초로 통일한 직후 멸망하자 그 뒤를 이어 약 400여 년간 통일왕조를 운영한 국가가 바로 한나라다. 그런 만큼 고대 중국을 대표하는 통일왕조이자 동아시아 역사에 있어서도 남다른 상징성을 지닌다.

　그래서일까? 정조는 수원화성을 지으면서 유독 중국 한나라 시절 명칭을 많이 가져왔는데,

　1. 장안문 이름 = 한나라 수도 장안성에서 따옴은 앞서 밝혔고.

　2. 화산(花山)으로 현륭원을 이장하면서 산 이름을 화산(華山)으로 고쳤다. 참고로 화산(華山)은 한나라 시절 수도 장안과 가까워서 특별한 숭배를 받았던 산이다. 수원화성(水原華城) 역시 화산(華山)에

서 가져온 이름이다.

3. 수원화성 행궁의 정문인 신풍루(新豊樓)는 한 나라를 세운 유방의 고향인 풍패(豊沛)에서 따온 이름이다. 한마디로 정조가 수원을 마음의 고향처럼 여기겠다는 뜻.

4. 수원화성 행궁 가장 안쪽에 위치한 건물인 장락당(長樂堂)은 한나라 수도 장안에 위치한 태후 궁전인 장락궁(長樂宮)에서 따왔다. 참고로 태후는 돌아가신 황제의 황후를 의미한다. 무엇보다 정조가 어머니 혜경궁이 행궁에 오면 머물 장소라 하여 장락당이란 이름을 붙인 만큼 사실상 혜경궁을 왕대비(大妃), 즉 돌아가신 왕의 왕비처럼 대우하려는 의도가 느껴진다. 그렇게 어머니에게 왕대비 대우를 한다면 아버지 사도세자 = 사실상 왕?

5. 수원화성 행궁 중 여러 행사가 열린 낙남헌(洛南軒)은 한나라를 세운 유방이 낙양(洛陽)의 남궁(南宮)에서 연회를 베푼 일화에서 따온 것이다. 낙+남 = 낙남.

6. 《화성성역의궤》에 따르면 화성을 종종 탕목읍(湯沐邑)이라 불렀는데, 여기서 탕목읍이란 국왕의 관할 아래 운영되는 도시를 의미한다. 예를 들면 한 나라를 세운 유방은 자신의 고향인 풍패를 탕목읍으로 삼았고, 후한을 세운 광무제 유수도 마찬가지로

자신의 고향인 남양(南陽)을 탁목읍으로 삼았다. 게다가 탁목읍에서 나오는 세금은 국가가 아닌 국왕에게 귀속되었다. 이는 곧 수원화성을 사실상 정조의 탁목읍처럼 운영하겠다는 의도가 엿보인다고 하겠다. 마음의 고향이자 국왕의 도시.

7. 정조는 수원화성을 축조하면서 한나라의 삼보체제(三輔體制)를 강조하였다. 삼보(三輔)란 한나라 시절 장안을 중심으로 수도권을 크게 3개의 지역으로 나누어 통치한 것을 의미한다. 이에 따라 한양을 둘러싼 수도권 핵심 지역인 수원, 개성, 광주, 강화 등을 소위 삼보로 비유한 것이니, 이 중에서도 수원을 단연 한양 다음가는 서열 2위 도시로 여겼다.

> 한나라는 원읍(園邑: 능 주위에 세운 도시)을 두어 왕실의 산소를 관리하는 데 이바지하게 하였다. 이는 효성을 다해 선조를 받들기 위해서는 선침(仙寢: 산소)을 호위하고 제사를 올리는 일을 소중히 해야 하며, 지방보다 중앙을 중시하는 것이 수도를 높이고 외적의 침입을 막기 위한 것이기 때문이었다. 그래서 선침이 있는 이 고을에 무지개문을 우뚝 세웠다.
>
> 장안문 상량문(長安門上樑文)

8. 한나라는 황제 능 주변에 신도시를 세우고 여러 귀족과 백성들을 이주시켜 살도록 했는데, 이를 소위 능읍(陵邑) 또는 원읍(園邑)이라 불렀다. 여기에 근거하여 정조는 수원을 능읍으로 삼고 사대부를 포함한 많은 사람들이 이주하여 살도록 여러 장려책을 펼쳤다.

음. 여기까지 대략 확인해보니 정조가 한나라의 여러 상징적인 명칭과 제도를 수원화성에다 어떻게 재현시키려 했는지 알 수 있다. 그 결과 수원화성은 수도권에 위치한 한양 다음가는 서열 2위 도시에다 왕릉을 수호하며 왕의 고향에 버금가는 대우를 받는 정조를 위한 도시로 인식되기에 이른다. 지금도 그 이미지가 일부 남아 사람들은 수원화성에서 정조의 숨결과 이야기를 즐기고 있다. 정조의 원대한 계획은 현재 진행형인 것. 나도 한때는 정조처럼 큰 꿈을 가진 적도 있었으나 이제는 작가 인생에 만족하련다. 하하.

그런 수원화성의 정문이 다름 아닌 장안문인 만큼 지금부터 제대로 구경을 해봐야겠군.

장안문의 방어 시스템

수원화성 북쪽에 위치한 장안문은 한양에서 온 정조가 처음 만나는 수원화성 건축물이다. 그런 만큼 저 멀리서 보아도 한 눈에 웅장하고 당당함이 느껴지도록 특별히 신경을 써서 지었다. 물론 성 방어 시스템 또한 기존의 성들보다 한층 더 신경을 썼으니.

1. 우선 높다란 성 위의 누각은 2층 규모에다 4면이 다 기와인 우진각지붕을 하고 있다. 우진각지붕은 4면이 기와로 완전히 덮여 있기에 불화살이나 총탄 공격에도 방어력이 좀 더 높다. 특히 조선에서는 우진각지붕이 대세였던 청나라 건축물의 영향을 받아 조선후기 들어와 우진각지붕이 널리 퍼지게 되는데, 한양 도성의 정문인 남대문도 본래는 팔작지붕이었으나 방어력 강화를 위해 우진각지붕으로 교체했을 정도.

2. 다음으로 성문을 둘러싸고 있는 옹성을 벽돌로 제작하여 멋스럽다. 사각지대를 극복하기 위한 현안

도 여러 개 설치되어 있다. 옹성의 진짜 목적은 문 안으로 들어서면 바로 느낄 수 있는데, 설사 적이 1차로 옹성의 문을 격파하고 들어가더라도 곧바로 성벽으로 둘러싼 공간을 만나게 된다. 한마디로 호랑이 입속으로 들어간 형국이지. 2차 성문을 돌파하는 과정에서 더욱 많은 사상자가 생길 수밖에. 성 위에서 화살이 빗발치듯 쏟아질 테니까.

3. 장안문의 오른편과 왼편에는 각각 적대(敵臺)라고 이름을 붙인 치가 마치 성문의 양팔처럼 설치되어 있다. 치 본연의 목적답게 성의 사각지대를 극복하고자 만들어졌지만 특히 성문 옆에 만든 치의 경우 성문으로 다가오는 적을 적극적으로 공격할 수 있는 중요 방어시스템이기도 했다.

다만 앞서 살펴보았듯 중국의 병법서인《무비지》에 그림으로 등장하는 적대는 공심돈처럼 3층의 높은 형태로 표현된 반면 수원화성에서는 성문 바로 옆에 위치한 치를 적대라고 표기하였다. 용어가 혼동될 만한데, 이는 중국에서도 매 시기마다 여러 종류의 적대가 등장했기 때문이다.

성벽 위 담장(여장)에서는 정면으로 성벽 아래쪽을 내려다보기가 불편한데, 이는 적군이 정면에서 마주보며 화살과 탄환으로 공격하는데다 낭선창(狼

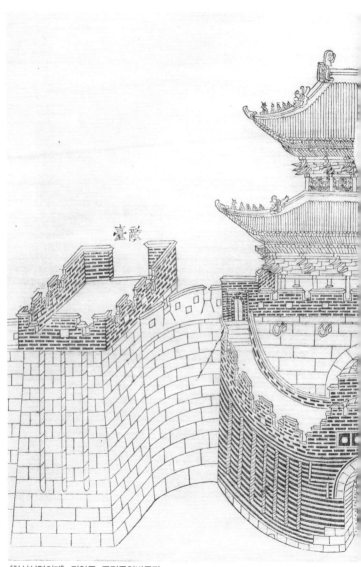

敵臺

《화성성역의궤》, 장안문, 국립중앙박물관.

長安門外圖

敵臺

槍: 기다란 창)을 이용해 위로 찌르기에도 충분하기 때문이다. 그러므로 아군이 안전하게 높은 대(臺)에 의지하여 양쪽에서 협공하면, 적군이 곧장 성벽 아래까지 접근할 수 없는데다 화살과 탄환으로 아군을 해칠 수 없을 것이니, 이러한 대를 적대(敵臺)라고 한다.

적대의 모양은 그 몸체가 성벽 밖으로 길게 돌출한 것이 좋으며, 옆으로 넓은 것은 좋지 않다. 2장(丈: 6.2m) 높이의 성에는 3, 4척 높게 짓고 2장 높이가 안 되는 성에서는 5, 6척 높게 적대를 만든다. 적대의 왼쪽과 오른쪽에 각각 3개씩 타구(垛口, 활 쏘는 틈)를 뚫어놓고 여장 하부의 중앙에 각각 1개씩 구멍을 뚫어놓아, 편안히 적을 공격할 수 있게 한다. 적대 위에는 기와지붕을 덮어, 병사들이 몸을 안전하게 보호하고 화약무기가 비바람을 맞지 않게 한다.

곽자장의 《성서(城書)》

곽자장은 명나라 시절 인물로 그가 설명한 적대(敵臺)는 기다란 창 공격으로부터 안전하도록 기존 성벽보다 1~2m 정도 더 높게 만든 치의 일종이다. 그뿐 아니라 가능하다면 적대 위에 기와지붕을 올려 병사와 화약무기를 보호할 필요가 있다고 주장하였다.

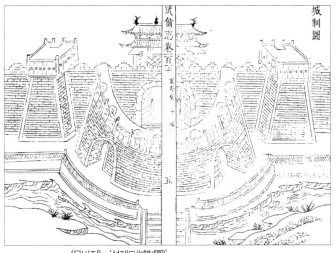

《무비지》, '성제도(城制圖)'.

　해당 개념을 바탕으로 기존 성벽보다 조금 높은 수준이 아니라 아예 3층 높이의 공심적대(空心敵臺)가 등장하게 된다. 이를 모원의가 《무비지》를 집필하면서 같은 의미를 지닌 용어인 허적대(虛敵臺)로 표현하기도 했다. 이처럼 적대만 하더라도 여러 종류가 있었다. 이 중 수원화성이 성문을 방어하기 위해 채택한 적대는 성벽보다 조금 더 높게 만든 가장 기본형 적대라 하겠다.

　그렇게 적대는 장안문과 팔달문 양옆으로 2개씩 총 4개가 만들어졌으나 지금은 일제강점기를 거치며 사라진 팔달문의 적대가 복원되지 않았기에 장안문의 적대 2개만 만날 수 있다. 물론 적대 앞부분에는 현안을 3개 만들어 나름 사각지대를 극복하고자 했다.

흥미로운 점은 여러 방어 시스템을 구비한 장안문이 《무비지》의 '성제도(城制圖)'에 등장하는 성 디자인과 너무나 유사한 모습이라는 것. 실제로도 무비지의 성제도는 장안문과 팔달문의 모델이 되었으니, 물론 세부적으로는 조금씩 차이점이 있지만, 어쨌든 대체적으로 기본적인 개념은 《무비지》에서 받아왔음을 그림을 비교하면 절로 알 수 있다. 이렇듯 이론과 실습을 통해 만들어진 건축물이 다름 아닌 장안문이었던 것이다.

장안문 구경을 끝냈으니, 서쪽으로 계속 걸어가볼까. 이번에도 성 밖으로 말이지. 룰루랄라.

행리단길

장안문을 지나 북서포루와 북포루를 만났다. 북서포루는 포루(砲樓)이고 북포루는 포루(舖樓)로서 앞서 두 종류 포루의 차이 및 성 사각지대를 극복한 치 시스템 등의 설명은 끝냈으니, 이번에는 가볍게 인사하며 지나간다.

그렇게 조금 더 걷다가 서북공심돈과 화서문(華西門)에 도착. 서북공심돈은 수원화성 서북쪽에 위치한 공심돈이고 화서문은 화성의 서문이라는 의미다. 이 중 서북공심돈은 중국식으로는 공심적대라 할 수 있으며, 동장대 근처에서 만난 동북공심돈과 달리 ⌐ㄴ 형태로 돌출된 치 위에다 만들어 바로 옆에 위치한 화서문을 적극 방어하도록 하였다. 문 가까이 오는 적을 저 멀리서부터 확인하여 총 3층에 배치된 여러 화약무기로 공격하는 임무가 그것.

한편 화서문은 창룡문과 같은 규모로 지어진 성문인데, 이곳 문을 통해 성 안으로 들어서면 요즘 핫하다는 행리단길을 만날 수 있다. 골목골목마다 카페, 서점, 다양한 음식점, 소품샵, 옷가게, 사진관 등

《화성성역의궤》, 서북공심돈 성 밖 모습, 국립중앙박물관.

이 있어 마치 미로처럼 찾아다니는 즐거움이 있다.
덕분에 수원화성을 예전에 비해 젊은 관람객들과 외
국인마저 많이 방문하는 장소로 완전히 탈바꿈시켰
다. 평일인 오늘도 거리에 저리 사람이 많으니 말이
지. 주말에는 정말 바글바글함. 여기부터 화성행궁
북쪽 주변까지가 특히 번화가라 하겠다.

다만 요즘 들어와 행리단길 안에 프랜차이즈 가
게가 생겨나고 있으니, 이러다 경쟁력을 잃은 여러

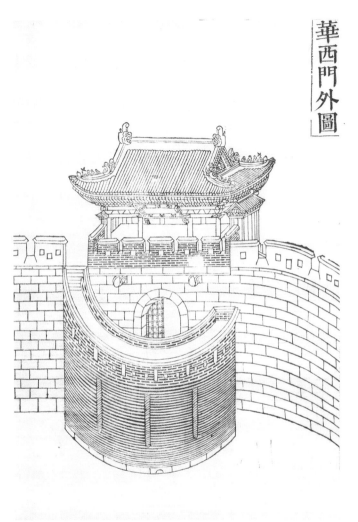

華西門外圖

《화성성역의궤》, 화서문, 국립중앙박물관.

작은 가게들이 하나둘 철수하며 지금의 아기자기한 즐거움이 사라질까봐 걱정이다. 개인적으로는 프랜차이즈 가게가 아예 들어올 수 없도록 시에서 엄격한 규정을 정해주면 좋겠다는 생각이 든다. 한때 개성 있는 여러 가게들로 인해 잘 나가다가 자본을 앞세운 프랜차이즈 가게 입성으로 월세가 크게 상승하고 다양성이 무너지더니, 어느 순간 확~ 몰락해버린 거리가 한둘이 아니라서 말이지. 그렇게 한 번 상권이 몰락해버리면 단시간 내에 복구가 거의 불가능하더라고.

여기까지 장안문을 중심으로 동쪽으로는 화홍문부터 서쪽으로는 화서문까지 수원화성 북쪽에 위치한 평지성을 구경하였다. 지금부터는 팔달산에 만들어진 산성을 따라 이동할 예정인데, 수원화성 동쪽의 구릉에 비해 상당히 경사가 높은 만큼 오늘 고생한 다리가 힘을 더 내주길 바라야겠다.

그럼 산을 따라 올라가기 전 잠시 쉬어야겠다. 오랜 시간 쉬지 않고 걸었더니 조금 힘드네. 이 김에 근처 의자에 앉아 아까 사온 도넛과 토마토주스를 마시며 중국 성의 모습을 잠시 확인해봐야겠군. 휴대폰으로 찾아봐야지.

중국 성의 모습

용주사에서 화원인 김홍도, 이명기가 사신과 함께 청나라로 파견된 이야기를 했었다. 이처럼 조선 정부에서는 청나라 북경으로 연행사를 파견할 때마다 화원을 함께 보냈다. 중국의 여러 모습을 그림으로 그려 왕을 포함한 여러 관료들이 살펴보기 위함이었다. 단순히 글로 된 표현만으로는 아무래도 묘사에 한계가 있을 테니까. 지금 기준으로 본다면 마치 사진을 찍어 오는 것과 유사하겠군.

그렇게 그려진 그림 중 일부가 운 좋게 남아 조선인의 눈으로 본 중국의 모습을 알려주고 있는데, 예를 들면 보물로 지정된 경진년 '연행도첩' 이 그것이다.

경진년 '연행도첩' 은 영조시절인 1760년에 연행사가 방문한 장소를 그린 작품으로 이 중 산해관의 모습이 특히 눈에 띈다. 산해관은 만리장성 가장 동쪽에 위치한 관문이기에 조선 사신들은 이곳을 통과하여 북경으로 이동했다. 그런데 성을 보아하니 정문은 2층 누각에 옹성으로 둘러싸여 있고 성 중간 중

경진년 〈연행도첩〉 산해관 성 밖 모습, 명지대학교.

간에는 ⌐⌐ 형태로 돌출된 치가 있는데다 성 위로 여러 건물이 보인다. 오호라~ 이곳 수원화성의 방어 시스템과 참으로 유사한 모습이네.

마찬가지로 숭실대의 한국기독교박물관에도 정확한 시점은 알 수 없으나, 대략 1784년 이후에 그려진 '연행도'가 소장되어 있다. 그림체가 김홍도의 풍경화와 유사하여 김홍도의 작품이다, 아니다 주장이 대립하는 작품이다. 이 중 북경성 동문 중 하나인 조양문을 살펴보면 역시나 옹성과 치 같은 성방어 시스템이 잘 묘사되어 있다.

이를 미루어 볼 때 정조가 여러 방어 시스템을 적극 도입하며 수원화성을 건설하면서 이론적으로는 《무비지》의 '성제도(城制圖)'를 바탕으로 하되 실제

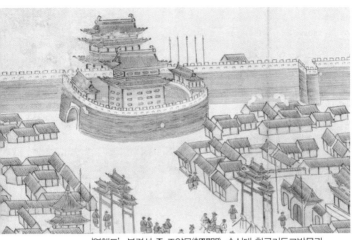

'연행도', 북경성 중 조양문(朝陽門), 숭실대 한국기독교박물관.

성곽의 예시로는 산해관이나 북경성 등을 적극 참고했음을 알 수 있다. 매년 사신이 방문한 만큼 두 성에 대한 정보가 조선에도 꽤 쌓였을 테고 말이지. 사실상 수원화성의 모델이었던 것. 우리가 근현대 들어와 도시, 산업 등을 개발하면서 일본, 유럽, 미국 기술을 적극적으로 연구하여 적용한 것과 유사하다고 보면 될 듯하다. 당시만 하더라도 청나라가 선진국이었을 테니까.

그럼 이번 기회에 중국 회화에서 묘사한 중국 성의 모습을 한 번 살펴볼까? 솔직히 말하자면 의자에 앉아 더 쉬고 싶어서. 하하. 다리가 내 맘대로 움직여주질 않네. 어이쿠.

중국 북경에는 한때 궁궐인 자금성을 360도 둘러

〈건륭남순도(乾隆南巡圖)〉, 종이 두루마리, 제1권, '북경에서 출발하다' 중 광안문(廣安門) 부분, 1776년, 중국국가박물관.

싼 성이 있었으니, 이를 북경성이라 한다. 근현대의 험난한 시대를 지나며 지금은 대부분의 성이 허물어져 사라졌지만, 한때 수도를 방어하는 6~12m 성벽을 자랑하는 거대한 건축물로 군림했었다. 마침 〈건륭남순도〉 1권에는 건륭제가 흰말을 타고 북경성 서문 중 하나인 광안문을 통과하여 강남순행을 떠나는 모습이 묘사되어 있다. 음, 가만 보니, 옹성 위에는 활과 총을 발사하는 구멍으로 가득한 포루(砲樓) 디자인의 건물이 있고, 그 뒤로 성문 위에다 3층 누각을 세웠군.

다만 이 그림에서는 치가 보이지 않는데, 치가 등장하는 그림을 더 찾아봐야겠다.

이번에 소개할 그림은 〈건륭남순도〉 6권으로 운

하와 상업의 도시인 소주(蘇州)에 방문한 건륭제가 흰 말을 타고 성문을 통과하고 있다. 성문 위에는 누각이 세워져 있고, 그 앞에는 옹성이 보이는군. 이처럼 중국에는 성마다 옹성을 기본적으로 만들어 성문을 2중으로 방어했음을 알 수 있다. 게다가 이번 그림에서는 성 밖으로 튀어나온 치가 일정한 거리를 둔 채 배치된 모습이 잘 묘사되어 있구나. 중국 성의 옹성 + 치 시스템을 확인하는 순간이다.

청나라의 성 방어 시스템은 명나라를 거치며 완성된 것으로 그전에는 주로 흙으로 만든 토성이 많았지만 명나라 후반 들어 벽돌 생산량이 크게 증가하면서 기존의 토성에다 벽돌을 입히고 성 위로는 다양한 방어 구조물을 적극적으로 적용하였다. 다만

〈건륭남순도(乾隆南巡圖)〉, 비단에 채색, 제6권, '강남 소주에 머물다'
중 서문(胥門) 부분, 1770년, 메트로폴리탄.

청나라가 들어선 뒤로는 성 방어 시스템에서 한동안
눈에 띄는 비약적인 발전을 보이지 못했으며, 명나
라 시절 만들어진 성을 기반으로 일부 개선이나 수
리가 꾸준히 이루어졌을 뿐이었다.

　이러한 흐름 속에 어쨌든 18세기 후반 명 말부터
청 중기까지의 성곽 시스템을 세세히 연구하여 한반
도 특유의 돌로 만든 석성과 벽돌을 결합한 새로운
디자인의 성, 즉 수원화성이 등장하였다. 정조 입장
에서는 기존의 한반도 성곽과 구별되는, 음, 그러니
까 한마디로 자신의 남다른 포부를 널리 알릴 만한
상징성으로 가득 찬 건축물이었지.

　그뿐 아니라 지금까지 수원화성을 구경해보아 알
겠지만, 대충대충 성곽을 디자인한 것이 아니라 당

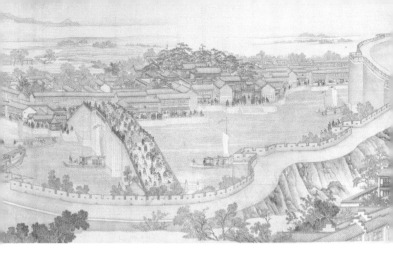

시 무기의 화력과 사거리 등을 철저히 계산하여 하나하나 세밀하게 성곽을 구성했으니, 그동안 정조가 고민하던 실학정신을 제대로 선보인 모습이라 하겠다. 한마디로 수원화성은 정조가 보여준 당대 실학의 집결체가 아니었을까?

정약용 발명품

《화성성역의궤》 중에는 흥미롭게도 정약용이 설계한 거중기(擧重機)가 등장한다. 무거운 물건(重)을 드는(擧) 기계(機)라는 뜻. 중국에서 전해온 《기기도설(奇器圖說)》을 참고하여 개발한 것인데, 이 또한 정조가 수원화성 설계와 함께 정약용에게 맡긴 또다른 임무였다. 규장각이 소장 중이던 《기기도설》이란 책을 주면서 무거운 물건을 쉽게 올리는 기계를 설계하라 명한 것이다.

아무래도 정약용은 문과·이과 모두 통달한 당시 기준으로는 참으로 보기 드문 인재였나보다. 정조가 참으로 아낄 수밖에 없는 놀라운 재능. 이런 인재가 결국 빛을 보지 못했으니 정조 이후의 조선이 참 아쉽구나.

그렇다면 《기기도설》이란 무엇일까?

《기기도설》은 독일 출신 예수회 선교사인 등옥함(鄧玉函, 1578~1630)이 명나라 시절인 1627년에 집필한 책이다. 본명은 요한 테렌츠 슈렉(Johann Terrenz Schreck)으로 동양식 그림을 넣고 한자로 설

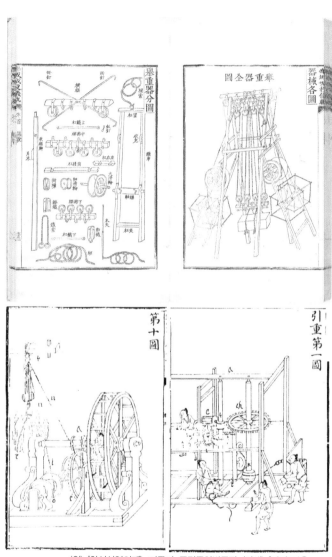

(위) 《화성성역의궤》, 거중기, 국립중앙박물관. (아래) 《기기도설》.

명하여 동시대 서양이 쌓아온 수학지식과 기계에 대한 이해를 도왔다.

다만 정약용이 설계한 거중기와 완전히 동일한 내용은 기기도설에서 찾을 수 없으니, 아무래도 책에서 필요한 부분을 조합하여 거중기를 설계한 모양이다. 대략 《기기도설》에 등장하는 3~4개의 기계 모습을 잘 조합한 결과로 보인다.

성문 양쪽에 있는 돌은 무게가 각각 수만 근이 되어 1000명의 사람으로도 움직일 수가 없고 100마리의 소로도 끌 수 없을 정도로 무겁습니다. 그런데 이 돌을 기중소가(起重小架 = 거중기)로 들어올릴 경우, 두 사람이 손잡이를 잡아당기면 번거롭게 어여차 소리를 내지 않고도 한 개의 깃털을 들어올리듯 가볍게 위로 들어올릴 수 있습니다. 이렇게 되면 인부가 힘이 들어 헐떡거리지 않아도 되고 나라의 재물도 소비되지 않을 것이니, 그 이로움이 또한 매우 많지 않겠습니까.

만약 더 이상 신비롭고 심오한 이치가 필요 없이, 약간의 공력을 들여 도르래 바퀴를 만들어 돌려서, 여러 바퀴가 서로 들어올리는 힘을 같이 분담하게 한다면, 조그만 어린아이의 한 팔 힘으로도 수만 근의 무거운 물건을 들어올릴 수 있으니, 일반적인 생각으로는 도저히 헤아릴 수 없는 것입니다.

정약용, 《여유당전서(與猶堂全書)》 중 '기중도설(起重圖說)'

실제로도 정약용의 거중기를 사용하면 도르래의 힘 분배로 인해 200㎏ 무게를 불과 25㎏의 힘만으로도 들어올릴 수 있었다. 현재 수원화성박물관, 실학박물관에 가면 복원된 거중기가 세워져 있는데, 생각보다 큰 모습이라 무척 인상적이다. 주로 채석장에 두고 석공들이 캔 무거운 돌을 공사장으로 옮기고자 수레로 올릴 때 사용한 것으로 추정된다.

이외에도 정약용은 '유형거(遊衡車)'라 불리는 수레와 '녹로(轆轤)'라 불리는 오늘날의 크레인 역할을 하는 기계까지 설계하여 공사에 도움을 주었다. 이처럼 수원화성은 당시 기준으로는 중국에서 영향을 받은 여러 첨단기계까지 총동원된 공사였으며, 덕분에 4만 냥의 공사비를 아낄 수 있었다고 한다. 비록 수원화성 총공사비 87만 냥에 비하면 작아 보일지 모르나, 다른 각도로 생각해보면 전혀 그렇지 않다. 무려 21분의 1에 해당하는 비용이다.

게다가 지금의 우리 기준에서 보면 공사장에 선보이는 여러 기계 문명이 익숙할지 모르나 과거 조선인의 눈으로 본다면 이런 기계들의 의미가 분명 다르게 다가왔을 것이다. 정약용이 설계한 기계가 움직일 때마다 국왕이 선보이는 첨단 문물의 위력에 절로 감탄이 나오지 않았을까? 이를 통한 홍보효과도 분명 컸겠지. 실학사상이 현실화되었을 때 조선에 어떠한 변화를 줄 수 있을지 알려주는 대표적인 장면이었기에 그만큼 놀라운 파급력으로 다가왔을 테니까.

서장대에 오르다

슬슬 다시 성벽을 따라 이동한다. 지금부터는 팔달산에 위치한 산성이라 나름 경사가 가파른 구간임에도 생각 외로 금방 서장대에 도착했다. 아까 의자에 앉아 휴식을 충분히 취해서 그런지 다리에 힘이 받쳐준 듯하네. 역시 여행은 중간중간 잘 쉬는 것이 무척 중요함. 2층으로 멋들어지게 만들어진 장대를 구경한 직후 바로 옆에 위치한 노대(弩臺: 노를 쏘는 장소)를 계단 따라 올라가본다.

서장대(西將臺)는 수원화성에서 가장 높은 장소에 위치하고 있다. 여기가 다름 아닌 팔달산 정상이다. 동장대가 동쪽에서 장수가 지휘하는 장소라면 서장대는 서쪽에서 장수가 지휘하는 장소라는 의미다. 물론 산 정상에 위치한 만큼 성 주변이 한눈에 펼쳐 보이는 서장대가 동장대보다 훨씬 중요한 장소로 여겨졌겠지만. 아참~ 서장대 옆 노대는 동장대 근처 위치한 동북노대와 비교하여 서노대라 부른다.

남수문 윗길을 지나 팔달문에 이르러서 문루(門

樓)에 올라 쉬고는 서장대에 이르러 대 뒤쪽의 소랑(小廊)에 들러서 신하들에게 식사를 베풀었다.

밤에는 서장대에 올라 연거(演炬: 횃불)를 관람하였다. 선전관이 꿇어 엎드려서 아뢰고 나서 신포(信炮: 신호용 대포) 세 발을 터뜨리고 횃불 세 개를 붙여서 올리자, 대 위에서 네 개의 횃불을 올리면서 모든 성가퀴에서 일제히 횃불을 올렸다. 호포(號炮: 신호용 대포)를 한 방 터뜨리고 나팔을 불고는 횃불을 점검하며 군사들이 일제히 고함을 지르기를 세 차례 하였다.

《조선왕조실록》 정조 21년(1797) 1월 29일

실제로도 정조가 수원화성에서 군사훈련을 펼칠 때 국왕이 위치한 장소가 바로 이곳이었다. 예를 들면 수원화성이 완성되자 1797년 1월 이곳을 방문한 정조는 성을 한 바퀴 돈 후 마지막 행사로 약식 군사 훈련을 펼쳤으니, 이때도 서장대에서 훈련장면을 바라보았다. 다만 이날 함께한 신하들에게 식사를 대접한 장소인 소랑(小廊)은 아직 복원되지 않은 상황이다. 《화성성역의궤》에서 서장대 바로 옆에 위치한 작은 건물이 그것.

산 정상이라 그런지 생각보다 은근 많은 사람들이 모여 있구나. 무엇보다 수원 시내를 구경하기 딱

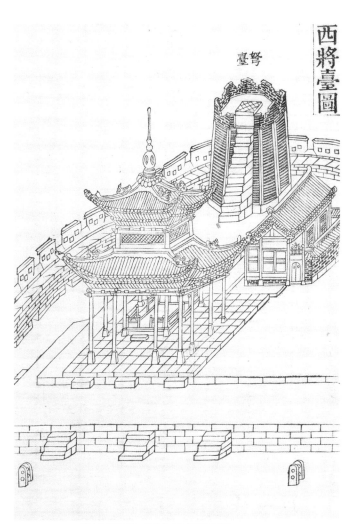

臺弩

西將臺圖

《화성성역의궤》, 서장대, 국립중앙박물관.

《화성성역의궤》, '화성전도(華城全圖)', 국립중앙박물관.

華城全圖

圖說
二

좋은 위치라 해가 뜨고 질 때마다 많은 사람이 방문하는 장소이기도 함. 가능하면 야간 뷰를 추천하는데, 조명으로 수원화성이 아름답게 빛나니 말이지. 휴대폰을 꺼내 시간을 확인해보니 오후 4시 25분이네. 어쩔 수 없이 오늘은 낮 구경만 하고 떠나야겠다.

저 아래로는 수원화성 행궁이 보이지만 아쉽게도 체력의 한계로 오늘은 행궁 구경은 힘들 듯하다. 여기서 보는 것으로 만족해야지. 어느덧 수원화성을 거의 한 바퀴 돈 셈인데, 이쯤 되어《화성성역의궤》에 있는 화성전도라는 그림을 소개할까 한다.

화성전도(華城全圖)는 한자 그대로 화성 전체를 보여주는 그림이다. 무엇보다 성 축조 직후의 모습을 잘 보여주고 있어 그 의미가 남다르다고 하겠다. 왼쪽에 위치한 팔달문부터 시작하여 남수문→동남각루→창룡문→동북노대→동북공심돈→동장대→방화수류정→장안문→서북공심돈→화서문→서장대까지 오늘 여행한 루트를 따라 그림을 살펴본다. 마치 지도 역할을 대신할 정도로 세세하게 그려져 있다.

그런데 화성전도와 유사한 형태의 그림이 1781년에 최종 출판된 청나라의《흠정열하지(欽定熱河志)》에 있으니, 이번 기회에 이 부분마저 한 번 비교해볼까.

《흠정열하지》, '피서산장총도(避暑山庄總圖)', 대만고궁박물원.

　　북경에서 만리장성을 넘어 북쪽으로 쭉 올라가면 열하(熱河)의 피서산장(避暑山庄)을 만날 수 있다. 청나라 황제의 행궁으로 강희제 때 건설되었으나 건륭제 때 완성되면서 더욱 거대한 위용을 보였으니, 주위로는 10㎞ 성벽을 두르고 성 안팎으로는 행궁을 포함 사찰, 정자, 정원 등 수많은 건물을 지었다. 그뿐 아니라 피서산장 주변이 군사적으로 중요한 지역인 만큼 청 황제가 방문하면 군사훈련과 사냥이 주로 이루어졌다.

　　특히 청 황제들은 여름이면 북경을 떠나 피서산장에 머물렀는데, 이곳에서 주로 몽골, 만주, 티베트

《화성성역의궤》, '문선왕묘도', 국립중앙박물관.

등 유목세계의 구성원들과 유대를 다졌다. 한마디로
북경에서는 중화의 황제이지만 피서산장에서는 유
목민의 대칸(大汗)이 되는 것. 그래서일까? 피서산장
은 북경의 엄격한 유교적인 위계질서와 원칙에서 비
교적 벗어난 공간이자 사실상 제2의 수도 역할을 겸
하였다.

따라서 유교질서의 중심지인 북경으로 가야 했던

《흠정열하지》, 보녕사, 대만고궁박물원.

조선 사신들도 정조 시절 동안 건륭제를 만나기 위해 특별히 두 차례 이 피서산장을 방문한 적이 있었다. 1. 1780년 건륭제의 70세 생일 축하를 위하여 북경으로 파견된 조선사신이 마침 피서산장에 있던 건륭제의 초대로 북경에서 다시 출발하여 피서산장을 방문한 첫 번째 사례와 2. 1790년 건륭제 80세 생일 축하를 위해 아예 처음부터 피서산장으로 직행한 두 번째 사례가 그것. 이 중 1780년 사신단의 모습은 그 유명한 박지원의 《열하일기(熱河日記)》를 통해 상세

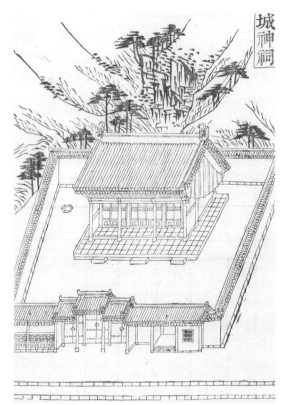

《화성성역의궤》, 성신사, 국립중앙박물관.

히 알 수 있고, 1790년 사신단의 모습은 서호수의
《열하기유(熱河紀遊)》를 통해 상세히 알 수 있다.

그런데 1780년 피서산장을 방문한 박지원은 여행
중에 《열하지》라는 책을 만났다고 한다. 아무래도
1781년 출간되는 《흠정열하지》의 바로 전 단계 책이
아닐까 싶다. 《흠정열하지》는 지리지로서 피서산장

誠敬泊澹

《흠정열하지》, 담박경성, 대만고궁박물원.

을 위시로 주변 지리와 설명 등이 담겨 있으며, '피
서산장총도(避暑山庄總圖)'는 책에 실린 180여 점의
그림들 중 가장 앞부분에 등장한다. 우리 눈에는 '화
성전도'와 너무나 유사한 구도와 그림체라 처음 접
하면 꽤나 놀라울 정도다. 그뿐 아니라 세부적인 그
림 또한 《화성성역의궤》 구도와 유사하다.

　비교해보면 전체적인 구도와 풍경, 묘사 방식까
지 참으로 유사하다. 덕분에 《화성성역의궤》의 그림
들이 지도 역할을 하는 것과 마찬가지로 《흠정열하

지》의 그림들도 마치 지도처럼 활용이 가능했다. 아, 아니《흠정열하지》는 본래부터 지도역할을 위해 그림을 넣어두었구나. 하하.

그렇다면《화성성역의궤》가 1801년 완성된 만큼 1781년 완성된《흠정열하지》가 직접적인 영향을 미친 것일까? 글쎄. 정확히 그 부분까지는 알 수 없지만 당시 조선에는 이미 중국에서 만들어진 여러 종류의 지리지가 적극적으로 유입되고 있었다. 그런 만큼《흠정열하지》와 유사한 구도와 풍경으로 묘사한 그림을 다른 지리지를 통해서도 접할 기회가 여럿 생길 수밖에.

무엇보다 정조는 수원화성을 만들면서 청나라의 선진 시스템을 적극적으로 적용하고자 한 만큼 공사 과정을 상세하게 기록한 의궤 역시 기존의 의궤 그림보다 더욱 세밀하고 사실적으로 묘사하기를 원했다. 이에 따라 중국에서 유입된 지리지 속 그림을 모델로 삼아《화성성역의궤》그림이 그려진 것이다. 동시대 청나라 지리지를 대표하는《흠정열하지》와 《화성성역의궤》의 그림이 유사한 모습을 보이는 것은 이 때문이 아닐까 싶다. 그만큼 선진문물을 적극적으로 반영하려던 정조 시대의 모습을 잘 보여주는 예시 중 하나라 하겠다.

9. 정조의 꿈

도시의 자급자족

서장대에서 남쪽으로 내려가다 보면 벽돌로 만든 서암문을 만날 수 있다. 이 문은 아까 동장대 근처에서 만난 동암문과 달리 원래부터 계단과 함께 수원화성 축조 때 만들어졌다. 슬쩍 암문을 통해 밖으로 나가보면 성 정면이 아닌 옆에다 문을 만들었기에 더욱더 잘 숨어 있는 느낌을 준다. 전쟁 시 성 전체

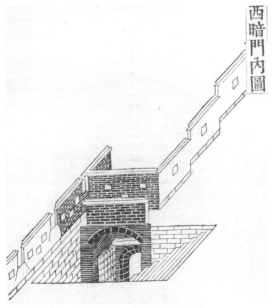

《화성성역의궤》, 서암문 성 안 모습, 국립중앙박물관.

《화성성역의궤》, 서암문 성 밖 모습, 국립중앙박물관.

지휘를 맡는 서장대 바로 옆에 있는 암문인 만큼 성
바깥으로 정보를 알리거나 바깥소식을 듣는 일을 맡
은 매우 중요한 문이라 하겠다.

암문을 통해 다시 성 안으로 들어가서 여장을 따
라 팔달산 남쪽으로 걸어간다. 도중에 수원화성 서
쪽 방향을 바라보자 저 멀리 물이 잔잔하게 빛나는
서호(西湖)라는 호수가 보이는걸. 명칭 그대로 수원

《화성성역의궤》, 만석거와 영화정, 국립중앙박물관.

화성 서쪽에 위치한 호수다. 이 서호는 다름 아닌 1799년 정조의 명으로 내탕금 3만 냥을 들여 만든 농업 저수지다. 참고로 내탕금이란 임금의 개인재산을 뜻하는 만큼 왕이 개인재산을 들여 저수지를 만든 것이다.

아~ 맞다. 정조 시절에는 서호가 아닌 "만석의 쌀 생산을 축원한다."라는 의미로 축만제(祝萬堤)라는 이름으로 불렸다. 그래서인지 몰라도 수원시에서는 2020년 들어와 호수의 공식적인 명칭을 서호가 아닌 축만제로 변경하고 이를 널리 알리고 있는 중.

내(정조)가 만석거(萬石渠) 앞길에 이르러 가마에서 내려 잠시 휴식하였다. 왼편의 논을 가리키며 승지 등에게 하교하기를,

"이것이 대유둔(大有屯)이다. 처음에는 황폐한 토지였으나 지금 기름진 땅이 되었다."라 하였다. 이어 장용영 장교를 불러 대유둔이 어디부터 어디까지인지 손으로 가리키며 아뢰게 하였다.

대답하기를,

"통산(通山)이라고 부르는, 앞에 바라다 보이는 큰 산으로부터 장안문 밖에 이르기까지 10리가 넘습니다."라 하였다.

《일성록》 정조 22년(1798) 2월 5일

축만제가 만들어지기 전인 1795년에도 정조는 수원화성 북쪽에 1만 냥을 투입하여 농업에 필요한 물을 대거 보관할 수 있는 저수지인 만석거(萬石渠)를 만들었다. '만석의 쌀을 생산하는 장소'라 하여 붙인 이름이다. 수원화성을 관통하는 수원천을 정비하고 수문을 만드는 김에 북쪽 개천을 따라 재방과 여러 시설물을 추가하여 저수지를 구성한 것이다. 다음으로 만석거 주변으로 대유둔(大有屯)이라는 둔전을 배치하였는데, 둔전(屯田)이란 군대나 관청의 경비를 충당하기 위해 운영하는 논과 밭이었다.

이렇게 저수지와 거대한 규모의 둔전이 등장하자 수원화성에 배치된 장용영의 병사와 가족들, 그리고 수원 지역 농민들이 이곳에서 일을 했으며, 나온 수입 중 절반은 경작인이 가져가고 나머지 절반은 수원화성 운용자금으로 사용하였다. 한마디로 수원화성 자급자족을 위해 만든 저수지였던 것.

만석거와 대유둔의 성공으로 어느 정도 자신감이 생긴 정조는 동일한 방식으로 수원화성 동, 서, 남쪽에도 저수지와 둔전을 만들도록 지시하였다. 그 과정에 서호, 그러니까 축만제가 만들어진 것이다. 다만 현재는 수원화성 북쪽에 위치한 만석거(萬石渠)와 서쪽에 위치한 축만제(祝萬堤)만 호수공원으로 남아 과거의 모습을 유추해볼 수 있을 뿐 나머지 동

《화성성역의궤》, 영화역, 국립중앙박물관.

쪽과 남쪽 두 곳은 저수지로서 기능을 아예 상실한 상황이다.

> 양재역(良才驛)을 영화역(迎華驛)으로 고치고 역 건물을 화성 북문(장안문) 밖으로 옮겨 설치하였다.
>
> 《조선왕조실록》 정조 20년(1796) 8월 29일

한편 정조는 성의 자급자족과 인구 유입을 위해 저수지뿐만 아니라 장안문 밖에다 역(驛)까지 만들었다. 당시 역(驛)은 주요교통로 30리마다 설치해 국가의 명령과 공문서 및 긴급한 군사상황을 전달하는 임무를 맡았다. 소위 역참(驛站)제도라고 학교 국사 시간 때 배운 적이 있을 텐데 주임무가 그런 것이고, 평시에는 육상을 통한 물자운송, 통신기관, 숙박 등의 임무를 겸하고 있었다. 지금 기준으로 본다면 고속버스터미널에 우체국, 호텔 등 여러 시설이 함께 있다고 보면 좋을 듯.

흥미로운 점은 본래 한양 남쪽에는 양재역이 경기도 일대를 관할하는 중심 역으로 운영되고 있었지만 양재역을 영화역으로 옮기면서 관련 관청건물과 관청에서 일하는 사람 및 주민들까지 수원화성으로 그대로 이주시켰다는 것이다. 이런 방법을 통해 단시간 내 수원에서 역 기능이 활성화되도록 하였으

니, 지금 눈으로 보면 잘나가는 공기업을 지방으로 이전한 효과라 할까?

뿐만 아니라 사람이 모이는 역 주변으로 시장을 만들어 상업이 발달하도록 하였다. 현재 장안성 북쪽에 위치한 장안동 거북시장이 당시 영화역 주변으로 조성한 시장으로 약 200년 간 이어져 오고 있다. 다만 1895년 역참제도가 폐지되면서 영화역은 사라졌다. 안타깝게도 100여 년이 지나면서 현재 정확한 역의 위치는 알 수 없다고 함. 대략 추정만 할 뿐.

수원부사(水原府使) 조심태가 아뢰기를,

"새 고을 사람이 모이는 장소에 점포를 설치하는 일에 대하여 이미 대신들과 여러 재상들의 의견을 들었습니다만 신이 여러 사람들의 의견을 널리 물어보았더니, 수원이 삼남(三南)으로 통하는 요로이기는 하나 물산이 본디 적어서 비록 부자들을 많이 모으고 점포를 설치하려 하더라도 생각대로 되기는 어렵겠습니다.

이에 수원 백성들 중 살림밑천이 있고 장사물정을 아는 사람을 골라 읍 부근에 자리 잡고 살게 하면서 그 형편에 따라 관청으로부터 돈을 받아가지고 이익을 남기도록 하는 것이 좋은 대책이 될 것이라고 하니, 이 의견이야말로 한번 시도해볼 만합니다.

어떤 관청을 막론하고 이자가 없는 돈 6만 냥을 떼어내 고을 안에서 부자라고 이름난 사람 중에 받기를 원하는 자에게 나누어주어 해마다 그 이익 나는 것을 거두게 하되, 3년을 기한으로 정하고 본전과 함께 거두어들인다면 백성들을 모집하고 산업을 다스리는 방법에 있어서 아마 하나의 큰 도움이 될 것입니다."

《조선왕조실록》 정조 14년(1790) 5월 17일

사실 저수지, 역 설치와 유사한 적극적인 인구유입 정책은 수원화성 축조 전부터 이미 이루어지고 있었다. 현륭원을 건설하며 수원 읍치를 화산에서 팔달산으로 옮긴 뒤로 새로운 수원 중심지를 발전시키기 위해 펼친 여러 정책이 바로 그것. 이 중에는 돈 6만 냥을 무이자로 수원 백성들에게 빌려주어 상업을 발전시키는 방안도 있었다. 정조는 더 나아가 수원에 거주하는 상인의 경우 한양의 상인에게 부여하던 금난전권처럼 특정 물건에 대한 독점권까지 부여하고자 했는데, 이 계획은 금난전권 폐지 정책과 맞물리면서 실행으로 이어지지는 못했다.

이런 노력 덕분인지 한때 전국 3대 우시장으로 불린 수원 우시장이 수원화성 주변에 등장했다고 한다. 농업사회에서 소가 지닌 위상이야 너무나 잘 알 것이다. 한 마디로 소시장 = 어마어마한 돈이 거래되는 시장 중 하나라 보면 된다. 지금으로 치면 중고차나 신차 판매 시장 정도의 규모라고 할까? 조선시대에는 손에 꼽히는 시장인 셈이다.

수원화성 주변에 위치한 우시장은 결국 경쟁력을 상실하며 사라졌지만 그 흔적은 현재 수원갈비로 남아 있다. 비싼 만큼 맛있기로 유명한 수원갈비. 안타깝게도 너무 비싸서 난 먹어본 적이 없음. 1인분(250g)에 무려 10만 원이거든. 단순히 계산해보면 내가 책 한 권 팔아서 받는 인세가 책값의 10%이니, 2만 원짜리 책을 50권 정도 팔아야 1인분이 가능하다. 이렇게 계산하고나면 식은땀이 흐르며 먹을 생각이 싹 사라진다.

한편 무려 1626만 명을 동원한 〈극한직업〉이라는 영화에서는 동일한 양념으로 만든 수원왕갈비통닭이 나와 유명세를 얻었는데, 이 역시 수원화성 내 통닭거리에서 만날 수 있다. 다행히도 개인적으로 닭은 먹어본 적이 있음. 가격이 그나마 괜찮아서. 하하. 언제쯤 되면 여유 있게 수원소갈비를 먹을 수 있을까? 이대로 간다면 평생 가능할지 잘 모르겠네.

이렇듯 당시 수원화성은 정조의 관심과 노력을 통해 농업사회에서 중요한 요소인 '저수지 + 논 + 소 + 인력'이 풍부하게 존재하는 장소가 되었다. 가만 생각해보니 대한민국이 2기 신도시를 만들 때 그제서야 기업이 함께하는 자급자족 도시기능을 추가하여 판교, 광교, 동탄 등이 등장한 것에 비하면 정조는 수원화성이라는 신도시를 만들면서 이미 자급자족이 가능하도록 디자인했었구나. 엄청난 선견지명. 물론 이 또한 청나라의 여러 도시가 성을 중심으로 자급자족이 가능한 상업, 경제 시스템을 갖추고 있어 지속된 발전이 가능함을 깨닫고 수원화성에도 적극 도입한 것이다. 정조의 엄청난 고민의 흔적을 느낄 수 있다.

이러한 역사 덕분인지 몰라도 지금도 수원은 수도권의 여타 도시에 비해 서울의 거대한 영향력에서 어느 정도 벗어난 채 자급자족이 가능한 경기도 최대도시로 운영 중이다. 안양시민으로서 수원이라는 도시를 개인적으로 좋아하는 이유이기도 하다. 경기도의 자존심이라 생각되어서 말이야.

장용영의 어마어마한 자금

　팔달산을 따라 남으로 계속 내려오다 특이하게 생긴 벽돌로 만든 문을 만났다. 서남암문이라는 명칭 그대로 수원화성 서남에 위치한 암문이란 의미. 다만 암문치곤 너무나 당당한 모습이라 의아한데, 나름 다른 암문에 비해 커 보이는데다 처음부터 문 위에 보란 듯이 포사(舖舍)라 부르는 기와 건물까지 만들어 두었거든. 포사 = 군사들이 안전하게 머물며 감시하기 위해 만든 초소.

　게다가 암문을 통해 밖으로 나서면 단순한 성 밖 풍경이 아니라 양 옆으로 성곽의 여장과 함께하는 통로가 길게 뻗어있는 모습이 등장한다. 이 또한 참으로 특이하군. 그럼 저 끝에 과연 무엇이 있는지 한번 걸어가볼까. 생각보다 통로는 꽤 긴 편이다. 거의 서장대에서 서남암문까지 거리의 절반 정도 거리를 걸어가자 드디어 서남각루(西南角樓)가 나온다.

　각루는 앞서 동남각루, 동북각루 등에서 설명을 했지만 성 모서리의 시야가 확보되는 높은 지대에 건물을 지어 주변을 감시토록 하고 전쟁 시에는 이

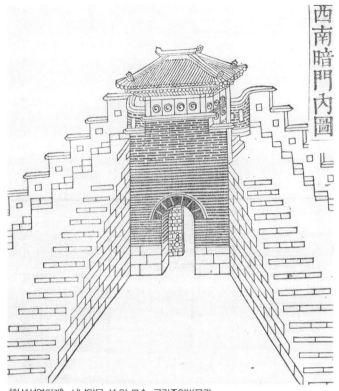

《화성성역의궤》, 서남암문 성 안 모습, 국립중앙박물관.

주변 군사지휘소 역할을 맡도록 한 것이다. 나름 요
충지에 세운 누각이라 하겠다. 그런데 동북각루를
방화수류정이라 부르는 것처럼 이곳 서남각루에는
화양루(華陽樓)라는 또 다른 이름이 있다. 화성의 양
지바른 곳에 위치한 누각이라는 뜻. 게다가 양지바
른 곳 = 남쪽을 의미하므로 화성의 남쪽에 위치한 누
각이라는 해석도 가능하다.

舍舖

西南暗門外圖

《화성성역의궤》, 서남암문 성 밖 모습, 국립중앙박물관.

　　상(上: 정조)이 성을 순행하였다. 화양루(華陽樓)
북쪽에서 시작하여 (중략)

《조선왕조실록》 정조 21년(1797) 1월 29일

　　마침 화양루는 수원화성이 완성된 후 정조가 이
곳을 처음 방문하여 성을 한 바퀴돌 때 시작점이기
도 했거든. 정조와 그의 신하들은 우선 이곳부터 확

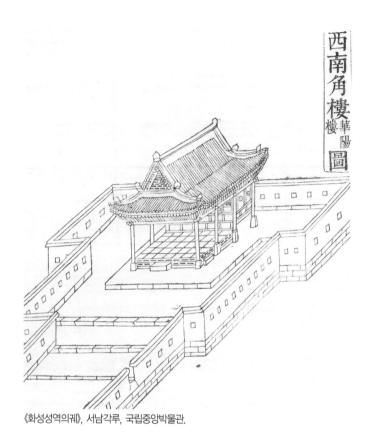

西南角樓圖
華陽樓

《화성성역의궤》, 서남각루, 국립중앙박물관.

인하고 팔달산 북쪽을 향해 이동했으니까. 그만큼 중요도가 남달랐다는 의미였겠지?

실제로 지도를 통해 살펴보면 서남각루, 즉 화양루가 위치한 장소는 팔달산 남쪽 높은 능선으로 만일 적이 이곳을 장악한 채 대포를 설치하여 발사한다면 팔달산 아래에 위치한 팔달문을 포함하여 수원화성 평지지역을 위에서 아래로 내려다보며 공격할 수 있다. 열심히 만든 성이 의미가 없어지는 순간이라 하겠다.

조선군은 이와 비슷한 경험을 병자호란 때 이미 경험한 적이 있었다. 천혜의 자연에 자리 잡은 남한산성을 굳게 믿고 있었으나, 주변 높은 봉우리를 장악한 청나라 군대가 아래를 내려다보며 대포를 쏘는 바람에 행궁을 포함한 남한산성 내부가 완전히 쑥대밭이 되었거든. 이에 따라 수원화성을 축조하면서 능선을 따라 마치 통로처럼 성벽을 길게 쌓아 적이 쉽게 산 위로 올라오지 못하도록 하였으며, 가장 중요한 자리에는 각루를 세운 것이다. 결국 서남암문 위에 초소 건물까지 올린 이유는 이곳 긴 통로부터 화양루까지 상시적으로 적을 감시, 확인하기 위함이었음을 알 수 있다. 병자호란의 호된 경험이 낳은 방어 시스템이라 하겠다.

화양루 아래를 보자 조선시대에 비해 나무가 울

창해져서 그런지 주변이 한눈에 보이지는 않는다. 나무 사이 저 아래로 얼핏 규모 큰 아파트 단지의 모습이 보이네. 수원화성 옆에 있는 아파트라니 언제나 쉽게 수원화성을 방문할 수 있는 주민들이 참으로 부럽구나. 그럼 오늘 열심히 일한 다리를 위해 여기에 앉아 휴식을 취해야겠다. 수원화성 구경이 마무리되는 시점인 만큼 쉬는 동안 정조 시절 투입된 공사비나 한 번 살펴볼까?

《화성성역의궤》에 따르면 화성축성 공사에 들어간 총 공사비용은 물자와 인건비 등을 합쳐 모두 87만 3517냥 7전 9푼이었다. 당시 소 한 마리 가격이 20냥, 돼지 한 마리가 5냥이었기에 대충 어느 정도 규모였는지 비교가 되려나? 대략 소 4만 3000마리 비용이 들어간 셈이니까. 지금이야 소 한 마리가 700만 원 수준에 불과하지만 과거에는 그보다 수배는 넘는 가치였을 테니. 음, 상세한 계산은 복잡하니 패스.

해당 비용을 쌀 환산가로 바꿔보면 17만 5000석에 다다르며, 이 중 여러 정부기관으로부터 72%에 해당하는 12만 6000석을 빌려왔다. 지금 기준으로 보면 은행 대출을 70% 정도 받아 건물을 지은 느낌이랄까. 그중 장용영으로부터 5만 석을 빌렸으니 장용영이 전체 수원화성 축조비용의 28%를 부담했었구나. 또 다른 각도로 살펴보면 여러 정부기관으로부터 빌려온 비용 중 장용영 비율이 무려 40%에 육박했다. 실로 놀라운 수치다. 앞서 이야기했지만 왕권강화를 위해 불과 1785년에 출범한 정조의 친위부대인 장용영이 이토록 짧은 역사를 지녔음에도 자산이 어찌 이리 많았던 것일까?

실제로도 당시 조선의 주요 군부대였던 금위영·어영청의 1년 수입이 쌀 환산가 기준 3만 5000석 안팎에 불과했고, 나라의 경제 및 재화를 담당하던 호조(戶曹)의 1년 수입이 10만 석 안팎이었는데, 장용영의 1년 수입이 무려 1793년에는 6만 4000석, 1802년에 8만 3000석에 이르렀다고 하는군. 매년 그 수치가 늘어나 사실상 호조와 비견될 만큼 어마어마한 수입규모를 자랑하고 있었다.

> 상(上: 정조)이 이르기를, "장용영을 설치한 이후 잘 모르는 자들은 혹 '하나의 군대를 새로 만드는 것은 한갓 경비를 소모하는 데로 귀결할 것이다.'라고 한다. 그런데 장용영에 들어가는 한 해 비용은 저것을 줄여 이것을 설치한 것으로서 자연 응당 지출해야 할 것이 아니면 따로 요리하여 경상비용의 밖에서 마련하니, 돈 한 푼이나 쌀 한 톨도 애당초 경상비용에서 가져다 쓰는 것이 없다. 또 그 가운데에서 쓸데없는 것을 없애고 번잡한 것을 줄여 절제하

는 데 힘써 한 해 동안에 따로 쌀 1만 포(包)와 면포(綿布) 100동(同), 돈 3만 냥을 비축하였으니 10년을 기약하면 100만의 수(어마어마한 수치)를 비축할 수 있을 것이다."

《홍제전서(弘齋全書)》 권168. '일득록(日得錄)' 8

무엇보다 정조는 장용영 수입을 10년간 비축할 계획을 세울 정도로 장용영 재정에 특별한 관심을 두었다. 오죽하면 앞서 수원화성을 지으며 장용영이 부담한 5만 석의 경우에도 금위영 1만 4000석, 어영청 1만 2000석, 경상감영 1만 석, 평안감영 4500석 등등 다른 정부기관들이 장용영이 부담한 총 5만 석을 5~10년에 걸쳐 대신 갚아주기로 했거든. 사실상 장용영이 수원화성 축조비용을 일시에 내주면 다른 정부기관이 해당 비용을 대신 갚아나가는 형식이었다. 한마디로 장용영은 손해가 0이라는 의미.

이러한 장용영의 재정 확충을 위해 정조는 기존에 왕실이 보유한 자산을 대거 지원한 것도 모자라 평안도 재정까지 적극적으로 옮겨왔다. 본래 평안도는 중국 사신접대와 국경수비를 위하여 세금을 중앙으로 보내지 않고 만약을 대비하여 군량미를 비축하는 지역이었거든. 그런데 청나라와 외교관계가 크게 개선된 만큼 평안도의 잉여 재정을 다른 용도로 활용하고자 한 것이지. 그 결과 매년 2만 석 정도의 평안도 수입이 장용영으로 이전된다.

그뿐 아니라 수원화성 주변에 둔전을 만든 것처럼 전국에 장용영 둔전을 설치한 데다, 환곡(還穀), 그러니까 식량이 모자라는 봄에 관청에서 곡식을 빌려준 뒤 가을걷이 후에 이자를 붙여 갚도록 한 제도를 적극 활용하여 수익을 창출시켰다. 장용영이 가진 쌀을 빌려주고 이자를 받는 방식이 그것. 지금 눈으로 보면 마치 은행들의 이자놀이와 유사하다고나 할까.

이와 같은 장용영의 충실한 재정확충은 동덕회 일원이자 소론 출신인 정민시가 주로 맡은 역할이었다. 사실상 정조의 꿈을 현실로 만드는 매우 중요한 임무였던 것. 왜 정조가 정민시를 그토록 특별히 아꼈는지 알 수 있는 대목이다.

그렇게 모은 장용영의 재산을 바탕으로 정조는 수원화성뿐 아니라 사도세자와 관련된 여러 사업을 진행하였는데, 예를 들면 환갑을 맞이한 어머니 혜경궁을 모시고 수원에서 펼친 1795년 행사에서도 필요한 2만여 석의 예산 중 1만 4000석을 장용영으로부터 빌려왔다. 다만 앞서 수원화성 축조 때와 마찬가지로 행사가 끝나자 진휼청(賑恤廳: 물가조절 기관)이 1만 4000석을 장용영에 상환하였기에 이번에도 사실상 장용영의 손해는 0이었다는 사실.

이처럼 장용영의 재산 = 정조의 사적 재산과 마찬가지였다. 군대 운영비용이라는 공적인 목적으로 포장되었으나 사실상 국왕이 원하는 대로 사용할 수 있었으니 말이지. 문제는 장용영이 비록 국왕의 호위조직이라지만 명목상 공적인 색을 지닌 정부기관 중 하나인 데다 사용한 비용마저 다른 정부기관이 이런 저런 명목으로 대신 갚아주고 있었다는 점. 당연히 이에 대한 반발이 나올 만도 한데 정조는 장용영에 대해서는 가능한 어떤 비판과 비난도 듣고자 하지 않았다. 무언가 꿍꿍이가 있었기 때문.

수원화성을 세운 진짜 목적

충분한 휴식을 마치고 서남암문을 향해 걸어간다. 서남암문부터 서남각루까지 걷기 운동하는 사람이 은근 많은가보다. 약 200m 정도의 코스를 수차례 반복하여 경보 걸음으로 걷는 분이 몇몇 보여서 말이지. 한 번 반복하면 400m, 두 번이면 800m. 세 번이면 1200m. 꽤 운동이 되겠는걸.

자~ 서남암문에 다시 도착했다. 이로써 나도 이곳에서만 800m를 걸은 셈이군. 여기서부터는 산성을 따라 쭉 내려가면 된다. 저 아래로 팔달문이 보이는구나. 하하. 정말로 한 바퀴가 거의 끝나가네. 아, 맞다. 여행이 끝나기 전에 마지막으로 정조가 수원화성을 세운 진짜 목적을 살펴봐야겠군.

만약 10년쯤 되면 쌀은 10만 석을 쌓아두고 돈은 30만 냥을 저축할 수 있을 것이니, 이는 모두 경상비용을 번거롭지 않게 맨손으로 마련한 것이다. 장래에 설령 재물을 써야 할 일이 있더라도 금방 가져와 쓸 수 있고, 재물을 쓸 일이 없다면 해마다 가득히

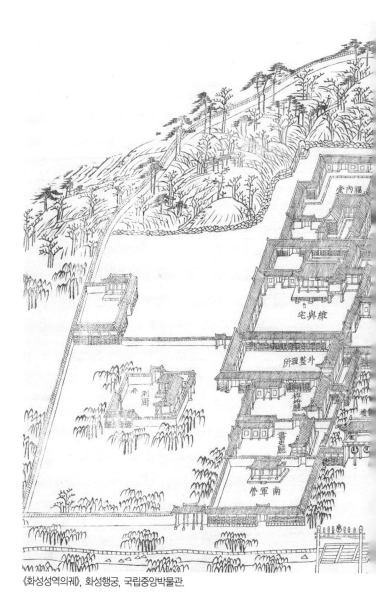

《화성성역의궤》, 화성행궁, 국립중앙박물관.

채워 더욱이 백성과 나라에 큰 도움이 될 것이다. 내가 장용영을 처음 만들었을 때 이미 이러한 뜻이 있었는데 처음 경영하여 틀을 잡느라 정신이 없어 일찍이 사람들에게 이런 말을 한 적이 없었다. 이제는 계획하여 조처하는 일이 이미 정해져서 효과를 기약할 수 있기에 이렇게 경들과 이야기하는 것이다."
하였다.

《홍제전서(弘齋全書)》 권168, 〈일득록(日得錄)〉 8

위의 언급처럼 정조는 자신의 친위부대인 장용영이 머물 수원화성을 만들고, 이곳에 쌀 10만 석과 돈 30만 냥을 모으고자 했다. 실제로도 목표액 이상의 재정을 확충하는 데 성공했으니 집요한 그의 성격을 잘 보여주는 단면이 아닐까 싶다. 그뿐 아니라 장용영은 1년 수입이 웬만한 정부기관에 버금갈 정도로 어마어마했기에 10년 간 쌓은 자산과 합쳐지면 실로 엄청난 힘을 발휘할 수 있었다. 수원화성 하나를 더 축조할 수 있는 돈 + 매년 중앙정치기구 중 나라재정을 맡은 호조에 비견되는 수입이 바로 그것. 이렇게 모인 어마어마한 자산을 사실상 정조 개인 돈처럼 쓸 수 있었기에. 우와!

그렇다면 정조는 모아둔 자산을 바탕으로 과연 무엇을 하고자 한 것일까? 이를 위해서는 정조의 갑자년 구상을 한 번 살펴볼 필요가 있다.

정조는 다가올 갑자년, 그러니까 1804년에 조선사를 통틀어 보기 드문 계획을 선보일 생각이었다. 첫째아들인 문효세자(1782~1786)가 어린 나이에 죽은 후 한동안 자식이 없다가 정조가 거의 마흔 살 가까이 된 1790년에 비로소 왕자가 태어났는데, 바로 그 어린 세자와 함께 펼칠 일이었지. 계획은 다음과 같다.

1. 1804년이면 세자가 당시에는 성인으로 취급하는 15살이 되는 만큼 왕위를 물려준 채 자신은 어머니 혜경궁과 함께 수원화성으로 와서 상왕으로 지낸다.

2. 영조와의 약속이라는 굴레가 없는 새로 즉위한 왕은 할아버지인 사도세자를 왕으로 추존하는 이벤트를 선보인다.

3. 그렇게 수원화성에서 어머니와 함께 자신이 추구하던 효정치에 화려한 정점을 찍는 순간을 만끽하며, 정조는 그동안 쌓아온 자산을 바탕으로 상왕으로서 권력을 이어간다.

가 바로 그것.

조선시대 상왕이 된 대표적인 인물로는 태종 이

방원이 있는데, 세종에게 왕위를 물려준 채 실권을 지닌 상왕으로 지냈다. 아무래도 이를 재현하려고 한 모양이다. 결국 수원화성 행궁의 크기가 다른 행궁에 비해 월등하게 큰 것 역시 상왕이 된 정조가 어머니와 함께 머물 장소라 그러한 것이지. 어마어마한 장용영의 자산은 상왕의 권력을 상징하는 힘, 그 자체고.

아쉽게도 정조의 계획은 대략 이 정도까지만 따라가볼 수 있다. 그가 상왕이 된 후 수원화성에서 펼치고자 한 일은 상세히 알 수 없는데, 이는 정조가 갑자년 구상에 대해 생전에 구체적으로 발언한 적이 거의 없기 때문이다. 어머니인 혜경궁과 김조순 등 몇몇 신하들에게만 넌지시 알려둔 내용을 합쳐봐야 위의 내용 정도에 불과하니까. 상왕으로 즉위하여 수원 화성에서 지낸다는 놀라운 계획이 실현되는 순간 아무래도 신하들의 반발이 엄청날 테니까, 실제로 일이 완전히 진행되기 전까지는 자신의 의도를 최대한 숨긴 듯하다.

개인적으로 볼 때 정조가 겉으로는 중국 한나라 시절을 배경으로 한 여러 이야기로 수원화성을 포장했으나 실제로는 청나라 제2의 수도 역할을 했던 피서산장을 모델로 삼아 수원화성을 만든 것으로 보고 있다. 그런 만큼 정조가 꿈꾼 미래의 수원화성 역할

역시 청나라 시절 피서산장의 모습을 통해 상상을 해볼까 한다.

정조가 계획처럼 상왕이 되어 수원화성에 내려와 10년 이상을 지냈다면 수원화성의 위상은 지금 우리가 알고 있는 모습을 훌쩍 뛰어넘었을 것이다. 우선 한양과 수원 사이를 조선 국왕이 때마다 다니는 모습 역시 청나라 황제가 때마다 북경과 피서산장을 다니는 것만큼 갈수록 익숙하고 자연스러운 일이 되었겠지. 상왕을 만나러 국왕이 수원으로 행차하고 상왕 또한 수원에서 한양으로 행차하는 일이 매우 자주 일어났을 테니까. 이에 따른 신하들과 백성들의 빈번한 이동이야 더 이야기할 필요가 없고. 이런 상황이 익숙해지면 당연히 신하들의 반대 여론도 점차 사그라질 것이다. 많은 사람들의 이동으로 인한 상업발달은 덤.

그러다 어느 시점부터는 국왕이 아예 수원에 몇 달씩 머물며 화성행궁이 궁 역할을 대신하는 단계까지 이어질 수도 있고. 그뿐 아니라 장용영의 풍부한 재정적 지원은 수원화성을 청나라 등에서 받아온 여러 첨단 기술과 제도가 적극적으로 적용되는 공간으로 만들어주었겠지. 한마디로 수원화성은 실학의 성지이자 성공한 모델이 되는 것.

그렇게 사실상 한양과 수원의 이중 수도 시스템

이 자리 잡히면서 어느 순간부터 수원화성은 조선판 피서산장처럼 인식되었을 테다. 이처럼 수도가 두 개로 확장되니, 인구 분산의 효과와 더불어 두 거대도시의 교류와 연계로 인한 수도권 내 경제적 상승효과 또한 엄청났겠지. 그뿐 아니라 사상적으로도 수원화성을 중심으로 실학이 더 부각되면서 성리학의 자리를 빠른 속도로 대처하고 더 나아가 19세기 중후반에 이르러야 등장하는 개화사상 또한 좀 더 일찍 도입되지 않았을까? 그 영향은 현대까지 이어져 지금의 수원과 비견도 되지 않는 큰 도시가 경기도 남부에 자리 잡아 지금의 규모보다 작은 서울과 함께하는 메가시티를 구성했을지도 모르겠다.

하지만 정조가 1800년 6월 28일 돌연 죽음을 맞이하면서 그의 원대한 꿈은 제대로 꽃도 피우지 못한 채 사그라졌다. 정조 개인뿐만 아니라 한반도 역사에서도 참으로 아쉬운 일이 아닐 수 없다. 그것도 자신의 숙원이었던 수원화성을 완성시키고 바로 얼마 뒤 세상을 뜨다니 눈을 감으면서도 얼마나 원통했을까.

한편 1795년 어머니를 수원화성에 모시고 환갑잔치를 개최하며 최고점을 맞이한 직후부터 정조의 정치력은 점차 많은 좌절에 부딪치고 있었다. 자신이 적극적으로 키우던 남인은 결국 천주교 문제가 걸리며 중용되기 어려운 상태로 몰린 데다, 수원화성 건설에 반대하던 여론은 축조 이후에도 정조 정치를 반대하는 여론으로 이어졌다. 오죽하면 초계문신(抄啓文臣)이라 하여 국왕이 직접 뽑아 성장시킨 신료들마저 정조의 의견에 반하는 행동을 보이곤 했으니까. 정조가 수원화성, 장용영 재정 확대에 반대하는 의견을 막고자 소수의 측근들과 일을 진행하다보니, 그만큼 반발의 탄성도 강해진 것이다.

그뿐 아니라 1799년 1월에 정치적 라이벌인 김종수와 채재공이 차례로 나란히 세상을 떴으며, 다음으로 조심태가 1799년, 정민시가 1800년 사망한다. 이처럼 정조가 가장 신뢰하던 신하들이 하나둘 사라지면서 탕평책을 유지하는 것조차 갈수록 쉽지 않아졌다. 정조와 오랜 기간 손발을 맞춰오던 각 당파를 대표하는 인물들이 사라지자, 국왕과 신하들이 양분하여 크게 대립하는 구조가 빈번하게 벌어졌으니까.

그러자 정조는 즉위 초 외척세력을 반대하던 모습과 반대로 이번에는 외척세력에 대해 관심을 보였다. 아무래도 세자시절부터 정치적인 공세를 받았기에 상당한 경험이 쌓인 자신은 그렇다 치더라도 1800년 들어와 비로소 원자에서 세자로 책봉된 어린 아들이 걱정 되었나봄. 고민 끝에 외척으로 선택된 인물은 다름 아닌 노론 시파였던 김조순(1765~1832

년)이었다. 명문가 출신인 데다 문장과 행정 관료로서 능력도 나름 뛰어난 편이며 노론 벽파, 소론, 남인과도 두루두루 잘 지내는 인물이었으니까.

사실 정조는 이전부터 그를 눈여겨보았는데, 이번 기회에 김조순의 딸을 세자빈으로 삼기로 결심하였다. 즉 새로 즉위한 국왕을 한양에서 김조순이 왕의 장인으로서 도와주고, 자신은 상왕이 되어 아들이 충분한 정치력을 갖출 때까지 수원에서 지원해주면 된다고 여긴 것.

하지만 이게 웬걸, 정조가 자신의 원대한 계획과 달리 갑작스럽게 죽자 김조순이 정조의 유지(遺旨)를 가장 잘 아는 사람으로 여겨지며 그에게 권력이 크게 집중되기에 이른다. 결국 정조의 아들, 즉 순조 시대에 들어와 그 유명한 안동 김씨의 세도정치가 등장하고 말았으니. 허허, 거참, 조선을 멸망으로 이끈 세도정치마저 정조의 의도하지 않은 선택이 만든 결과물이 되고 말았다.

힘써 모아둔 자산의 결말

산에서 내려와 성이 복원되지 않은 지역을 걸어 본다. 남문로데오라 불리며 공원처럼 꾸며진 이 주변도 언젠가 팔달문까지 성곽으로 연결되는 날이 오려나? 어쨌든 수원화성 한 바퀴 돌기가 이렇게 마무리되었다. 여행은 끝났지만 헤어지기 전에 마지막 이야기를 조금만 더 이어가보자.

재정을 마음대로 주무르면서 가혹하게 받아들이고 사람 놀리기를 좋아하여 세상에서는 수십 년 동안 국가 재정이 바닥나고 민생이 곤궁에 빠진 것이 모두 정민시와 서유린의 죄라고 하였다.

《조선왕조실록》 정조 24년(1800) 3월 10일

정민시와 함께 노론 시파인 서유린(1738~1802)은 장용영의 재정확충에 남다른 역할을 했는데, 이로 인해 두 사람을 비판하는 여론이 꽤 컸던 모양이다. 장용영을 살찌우는 대신 국가재정을 파탄 냈다는 비판이 바로 그것. 그래서일까? 정조가 세상을 뜬 직후

서유린 초상화, 일본 덴리대학 소장.

정민시는 이미 죽은 사람이었음에도 추탈을 당하고
말았으며, 서유린은 유배를 떠나 유배지에서 죽음을
맞이한다. 추탈은 생전 받았던 관직을 없애버리는
형벌로 조선시대에는 죽은 이의 명예를 훼손하는 큰
벌로 여겨졌다.

　그뿐 아니라 채제공은 장용영의 적극적인 재정
확충에는 반대 의견을 보였지만 천주교 대응에 소극
적이었다 하여 역시나 죽은 사람임에도 추탈을 당했
으며, 정약용을 비롯한 수많은 남인들은 천주교와
연결시켜 죽거나 유배를 떠났다. 이외에도 실학사상

과 연결되는 서자출신의 학자들도 대부분 숙청당했으니, 북학의로 유명한 박제가가 1801년 유배를 떠난 것이 대표적. 희한할 정도로 정조를 옆에서 적극적으로 도운 측근일수록 정조 사후 엄청난 고난을 겪게 된 것이다.

갑자기 180도 변한 상황이 펼쳐진 것은 노론 벽파가 권력을 잡았기 때문이다. 과정을 따라가 보면 다음과 같다. 정조의 어린 아들을 대신하여 영조의 계비인 정순왕후가 왕실의 어른으로서 수렴청정(垂簾聽政)을 맡게 되었다. 참고로 수렴은 '발을 드리운다.'는 뜻이고, 청정은 '정사를 듣는다.'라는 의미로 남녀 간 거리를 유지해야 한다는 유교관념에 따라 왕실여성의 얼굴을 신하들이 바로 보지 못하도록 궁궐 전각에 발을 내려뜨린 것이다. 한마디로 조선시대 여성이 정치일선에 임할 때를 뜻하는 표현이라 하겠다.

문제는 정순왕후가 노론 벽파 가문 출신이기 때문인지 벽파 사람들을 크게 중용했다는 점이다. 정순왕후 수렴청정 시절 영의정이 된 심환지(1730~1802)가 대표적 인물이다. 심환지는 정조 후반에 정치적으로 은퇴를 결심한 김종수를 대신하여 노론 벽파의 수장이 된 만큼 탕평책에 따른 정조의 대우로 1795년부터 병조판서, 이조판서, 우의정 등 주요 고

심환지 초상, 경기도박물관.

위직을 역임하였으며, 1799년에는 좌의정까지 올랐
다. 무엇보다 김종수보다 당파에 따른 편파적 주장
이 훨씬 강한 인물이라 이미 당대에도 비판이 많았
던 인물이었음에도 정조는 본인이 충분히 컨트롤할
수 있다고 여겼나보다.

　이 당시 정조는 사도세자 추숭과 갑자년 구상을
위해 측근 정치에서 벗어나 그동안 위축되어 있던
벽파 세력을 우대해주는 정치를 펼치고 있었다. 사
도세자 추숭에 반대하던 세력을 적극 포용함으로써
전 당파가 다함께 자신의 상왕 이후 사도세자의 왕

추존에 힘써줄 것을 바랐기 때문이다. 탕평책의 상징처럼 사도세자 왕 추존이 이루어지는 것이 정조의 이상이자 목표였으니까. 그러했기에 심환지가 어떤 인물인지 잘 알면서도 벽파 상징성에 따라 높은 지위를 준 것이다.

하지만 정조의 이상이 너무 높았다고나 할까. 반대파를 포용하는 것까지는 좋았으나 이 부분에 너무나 많은 시간과 에너지를 집중한 데다 누구보다 높은 지위를 부여한 심환지는 정조가 죽은 후 결국 그의 의도와 완전히 다른 행동을 보이고 말았으니까. 정조의 패착이자 어찌 보면 오만의 결과였다.

정조가 갑자기 세상을 떠나자 정순왕후는 당파적 관점이 뚜렷한 심환지를 영의정으로 승격시켜 노론 시파, 남인, 소론, 실학을 주장하는 개혁파 숙청에 나섰으니, 정조의 꿈은 이렇게 허무하게 끝나고 만다. 심환지는 자신의 편파적인 견해를 적극적으로 표출하며 다른 당의 수많은 사람들을 죽음으로 몰고 갔다. 다만 김조순은 권력에 초탈한 듯 처신을 보여 노론 벽파의 견제로부터 살아남았으며, 오히려 정순왕후의 지지를 통해 1802년에 드디어 자신의 딸이 순조와 결혼하는 데 성공하였다. 목표했던 왕의 장인이 되는 순간이다.

이후 심환지가 죽고, 1804년에 정순왕후의 수렴

김조순 초상화, 개인소장.

청정이 끝나자, 순조의 용인 아래 김조순을 위시로
노론 시파의 대대적인 반격이 시작되면서 벽파 세력
은 순식간에 몰락한다. 이렇듯 인생이란 참 알 수 없
다니까. 결국 김종수와 심환지는 벽파의 수장이자
정조에게 불충한 인물이라 하여 이미 둘 다 죽은 사
람임에도 추탈이라는 형벌을 받았다. 아이러니하게
도 김종수는 추탈마저 라이벌 채제공과 함께한 셈.

문제는 심환지의 숙청으로 남인이 파멸되고 김조
순의 반격으로 노론 벽파가 붕괴되면서 다당제를 기
반으로 한 정치세력 내 견제 시스템이 완전히 무너

저버린 시대가 열리고 만 것. 영조와 정조가 오랜 시간 운영했던 탕평책은 사실상 무용지물이 되어버렸다. 그렇게 견제세력이 사라지자 안동 김씨를 중심으로 한 세도정치가 시작되었고, 이로써 조선의 몰락은 가속화되었다.

그 과정에서 정조가 힘써 키운 장용영 역시 정순왕후와 심환지의 주도로 김조순마저 찬성을 한 가운데 1802년 1월 폐지되었는데, 그 막대한 예산은 대부분 중앙 재정기구로 빠르게 이전되었다. 만일 저 자산이 계속 이어져 순조 등 조선 후대 왕들이 적극적으로 사용할 수 있었다면 과연 조선의 미래가 바뀌었을까? 글쎄다. 정조가 수원화성을 기반으로 한 개혁과 제도 정립을 마무리하지 못하고 갑자기 죽은 뒤로는 정치력이 크게 부족한 왕들이 조선에 연속으로 등장하였기에 이들이 과연 장용영의 자산을 제대로 활용할 수 있었을지 의문이다.

근대화시절 적극적인 개혁을 펼치기에 부족했던 여러 예산을 채워주는 용도가 되었을지도 모르지만, 세도정치 중 허수아비가 된 왕이 아닌 여러 권력자의 주머니로 활용되면서 근대화 이전에 이미 주머니가 바싹 말라버렸을 수도. 어쨌든 가만 두면 왕의 권력유지에 큰 보탬이 될 장용영인 만큼 정조가 죽고 아직 권력을 제대로 활용할 줄 모르는 어린 왕이 즉위했을 때를 기회로 삼아 정순왕후와 신하들의 단합으로 빠른 속도로 폐지되기에 이른다.

이렇듯 장용영 자산이 정조 사후 한순간에 사라진 것을 보니 또다시 청나라 건륭제 일화가 생각난다. 건륭제는 자신의 아들에게 황제 자리를 넘기고 1795년 상황제가 되었으니, 이는 정조가 꿈꾸던 상왕정치를 먼저 선보인 셈이다. 그렇게 사실상 권력을 지닌 상황제로 지내다 1799년 1월 3일 87세의 나이로 죽음을 맞이하였는데, 건륭제를 이어 황제가 된 가경제는 아버지가 죽자마자 화신이라는 인물을 자살로 생을 마감하도록 명령하고 그의 재산을 몰수하였다.

한데 몰수한 화신의 재산이 놀랍게도 무려 청나라 정부의 12년어치 세금에 비견되었다는 사실. 너무나도 터무니없이 큰 재산 규모 때문인지 화신은 바지사장에 불과하고 실제로는 건륭제의 개인재산이라는 주장마저 있을 정도였다. 사실 건륭제는 6차례에 걸친 강남 행차를 포함하여 수많은 행사와 순행을 즐겼는데, 이때마다 들어가는 비용이 실로 어마어마했기 때문.

문제는 청나라가 나름 당시 기준으로는 정치적 시스템이 잘 갖춰진 나라였기 때문에 나라의 국고를 황제 개인취미로 사용하기란 쉽지 않았다는 점. 황제마저 예산을 얻으려면 이런저런 절차에다 신하들의 반대, 성군으로서 이미지 피해 등을 감수해야 했다. 반면 황제의 개인재산을 사용한다면 이런 절차에서 벗어나면서도 원하는 바를 빠르게 얻을 수 있었다. 황제가 개인재산 축적에 관심을 가지는 중요한 이유가 될 수밖에. 하지만 이런 모습 때문에 건륭제는 말년으로 갈수록 평이 그다지 좋지 못했으며 화신의 재산 또한 차기 황제인 가경제의 개인재산으로 이전되면서 한순간에 사라지고 말았다.

이 부분을 정조와 대입해보니, 왠지 유사함이 느껴지는걸. 장용영 재정을 최대한 늘려놓아 언제든 원할 때 사용할 수 있도록 한 모습이 말이지. 실제로 정조는 사도세자 원행을 비롯한 다양한 외부활동 및 행사를 개최하였고, 여기에 필요한 예산을 국고가 아닌 장용영에서 충당하며 원하는 바를 신속하게 얻고자 했다. 이러한 행사와 화성축조 같은 거대한 사업은 왕권의 힘을 상징적으로 보여주었지만, 반대로 내부에 쌓인 반발 역시 심화될 수밖에 없었다. 장용영을 대신한 여러 정부기관의 국고 부담은 덤이고. 정치력이 남다른 정조가 살아있었다면 이러한 비판을 어느 정도 방어하는 것이 가능할지 모르나 죽는 바람에 방어벽이 사라지고 말았다.

그리고 보니 정조가 죽자마자 그의 수족들이 박

살난 듯 무너진 것도 벽파가 그동안 쌓인 정조에 대한 원성과 여론을 등에 업고 벌인 일 때문이 아닐까 싶다. 하지만 벽파 또한 너무 심하게 정조의 업적을 부정하고 타당 공격에만 집중한 나머지 민심이 흉흉해지며 어느 순간 단박에 몰락하였다. 지금 기준으로 본다면 할 줄 아는 게 전 정부정책을 부정하는 것밖에 없었으니 말이지. 쯧쯧.

그럼 팔달문 근처 메가박스에 들러 영화나 한 편 보고 집으로 가야겠다. 오랜만에 수원화성에서 영화를 보며 예전에 중앙극장에 들러 영화를 보던 추억을 소환해봐야겠다. 룰루랄라~ 그럼 다음 여행에서 만나요.

에필로그

　조선은 1392년부터 1910년까지 518년간 지속하면서 총 27대의 왕이 즉위하였는데, 마침 정조와 연결되는 흥미로운 통계가 있어 이번 기회에 소개해볼까 한다. 조선시대 왕은 평균 24.7세에 왕으로 즉위하여 19.2년간 통치하였고 47.3세에 죽음을 맞이했다고 한다. 그런데 정조는 25살에 왕이 되어 24년간 통치하고 49세에 죽음을 맞이했기에 조선왕의 평균 일생과 거의 일치한다는 사실.

　이렇듯 정조는 왕으로서 짧지도 길지도 않은 기간을 지냈음에도 대중들이 안타까워하는 이유는 살아생전 노력하여 세운 업적들이 그가 죽자마자 부정된 채 무너졌다는 인식이 강하기 때문이다. 하지만 이는 정조의 후반기 정치가 만들어낸 안타까운 결과일지도 모르겠다.

　사실 사도세자 무덤을 옮기는 것까지는 대부분의 신하들이 국왕의 의도를 충분히 이해하며 따라주었으나, 수원화성 축조를 기점으로 정조의 조바심과 독단적인 행동으로 인해 측근을 제외한 여러 신하들

사이에 조금씩 높은 벽이 생겨나고 있었기 때문이다. 무엇보다 정조가 사도세자 추숭과 수원화성, 장용영 등을 너무나 강하게 연결시키는 바람에 국가를 위한 공적인 사업이 아닌 국왕 개인적인 이유로 벌인 사업이라는 인식이 갈수록 널리 퍼지게 된다. 만일 정조가 본인의 계획대로 상왕으로서 수원화성에서 지내며 구체적인 무언가를 더 보여주었다면 모르겠지만 중도에 갑자기 세상을 떠나면서 문제는 더욱 심각해졌다.

이에 따라 정조 사후 그가 만든 업적이 국왕의 일시적인 관심사로 축소된 채 폐지되거나 약화되는 상황이 연속하여 벌어졌다. 그 과정에서 정조를 믿고 일에 적극적으로 참여한 신하들 역시 큰 피해를 입었고 말이지. 시일이 지나 그를 따르던 노론 시파가 정조의 유지를 지킨다며 벽파를 완전히 몰락시켰으나 이들 역시 권력을 장악했음에도 정조의 정책은 겉모습만 대충 따를 뿐이었다. 한마디로 그 누구도 정조가 꿈꾼 세상을 이해하지 못한 것. 이렇게 18세기 조선의 마지막 전성기는 정조가 펼친 위대한 도전이 그의 갑작스런 죽음과 함께 실패로 돌아가면서 마무리되었다.

그럼에도 불구하고 수원화성으로 대표되듯 병자호란 이후 수동적이고 명분론에 빠져 의기소침하게 지내던 조선에서 적극적으로 변화를 주며 무언가를 해보고자 한 정조의 의지는 의미 있는 기억으로 남은 듯하다. 1990년대 이후 정조가 다시금 부각되어 드라마, 책, 영화 등이 봇물 터지듯 나오고 수원화성의 위상 또한 관광지로서 갈수록 높아지는 것을 보니까 더욱 그런 느낌이 든다. 이런 분위기는 아무래도 정조가 더 살았더라면 조선의 역사가 바뀌지 않았을까 하는 아쉬움도 분명 한몫하는 듯하다. 하다못해 10년만 더 살았어도…, 하는 아쉬움이랄까?

마지막으로 이 책이 수원화성을 더 즐겁게 여행하는 계기가 된다면 좋겠다는 생각을 하며 이번 글을 마치고자 한다.

참고문헌

김문식, 正祖 말년의 정국 운영과 沈煥之, 대동문화연구, 2009.

김성부, 朝鮮後期《城制考》編纂과 華城 築造 硏究, 강원대학교, 2016.

김종명, 정조의 불교이해, 한국문화연구, 2012.

김준혁, 정조시대 龍珠寺 創建과 정치적 활용, 지방사와 지방문화, 2020.

김창수, 건륭연간 외교 공간의 확장과 조선 사신의 교류 ―조선·청 지식 교류의 기반에 관하여―, 한국학논총, 2019.

김평원, 정조 대 한강 배다리[舟橋]의 구조에 관한 연구, 한국과학사학회지, 2017.

김홍백, 大義覺迷錄과 조선 후기 華夷論, 한국문화, 2011.

남호현, "중화는 소중화와 다르다[中華不類小中華]": 황재(黃梓)의 연행록(燕行錄)에 나타난 18세기 중반 중화 인식의 단면, 한국사상사학, 2019.

노대환, 18세기 후반 燕巖 一派의 燕行과 淸朝 정

세 인식, 대동문화연구, 2014.

박정애, 17~18세기 중국 山水版畵의 형성과 그 영향, 한국학, 2008.

박지원, 열하일기.

방범석, 壯勇營의 편제와 재정운영, 한국사론, 2016.

서윤정, 조선후기 외교 선물로 전해진 청과 서양의 예술과 물질문화: 정조대 후기 사행을 중심으로, 미술사학보, 2019.

신로사, 黃梓의 甲寅·庚午 연행록에 관한 고찰―雍正·乾隆 연간의 정세 인식을 중심으로―, 한국한문학연구, 2013.

신익철, 18세기 연행사와 서양 선교사의 만남, 한국한문학연구, 2013.

연갑수, 영조대 使行의 운영과 關係에 대한 인식, 한국문화, 2010.

오김성, 國內所藏 中國 地方志目錄, 동아문화, 1987.

왕결,《華城城役儀軌》圖說과 明淸代 건축 도설의 비교 연구, 한국학중앙연구원 한국학대학원, 2015.

우경섭, 17세기 전반 滿洲로 歸附한 조선인들 ―《八旗滿洲氏族通譜》를 중심으로―, 조선시대사학보, 2009.

유봉학, 正祖代 政局 동향과 華城城役의 추이, 규

장각, 1996.

유봉학, 楓皐 金祖淳 연구, 한국문화, 1997.

유재빈, 《園幸乙卯整理儀軌》 圖式, 그림으로 전하는 효과와 전략, 규장각, 2018.

유재빈, 건륭제(乾隆帝)의 다보격(多寶格)과 궁정회화, 미술사와 시각문화, 2020.

유재빈, 국립중앙박물관 소장 〈陳賀圖〉의 정치적 성격과 의미, 동악미술사학, 2012.

유재빈, 아버지에 대한 기억의 지도 —정조의 사도세자 추숭 작업과 事蹟圖, 미술사연구, 2017.

윤용출, 조선후기 번벽축성(燔甓築城) 논의와 기술 도입, 한국민족문화, 2018.

이경화, 姜世晃 研究. 서울대학교, 2016.

이근호, 조선후기 어찰의 전통과 《정조어찰첩》, 동국사학, 2009.

이성훈, 군복본(軍服本) 정조어진(正祖御眞)의 제작과 봉안 연구 —사도세자에 대한 정조의 효심과 계승 의지의 천명–, 미술사와 시각문화, 2020.

이은상, 이미지 제국: 건륭제의 문화 프로젝트, 산지니, 2021.

이혜원, 正祖의 奎章閣臣 書齋肖像 요구, 규장각, 2020.

임계순, 18세기 淸朝 제2의 政治中心地, 承德 避

暑山莊, 명청사연구, 2004.

임종태, 조선 후기 북학론(北學論)의 수사(修辭) 전략과 중국 기술 도입론, 한국문화, 2020.

임혜련, 1795년(정조19) 혜경궁의 화성 행차와 봉수당 진찬의 특징, 장서각, 2018.

정민섭, 17~18세기 경기도 일대 돈대의 입지와 구조적 특징 —강화도, 광주 신남성, 파주 장산진을 중심으로—, 인천학연구, 2018.

정역식, 화성 공심돈의 유래와 기능, 역사학보, 2001.

정은주, 18세기 燕行으로 접한 淸朝 文化, 대동문화연구, 2014.

정은진, 표암 강세황의 연행체험과 문예활동, 漢文學報, 2011.

정재훈, 18세기의 연행과 정조(正祖), 동국사학, 2012.

진재교, 조선의 更張을 기획한 또 하나의 '北學議': 《雪岫外史》, 한문학보, 2020.

차혜원, 열하사절단이 체험한 18세기 말의 국제질서 변동하는 조공책봉 관계의 증언, 역사비평, 2010.

최성환, 정조대의 정국 동향과 僻派, 조선시대사학보, 2009.

한승현, 正祖 즉위 초기 對淸 외교 정책과 조정의 對淸 인식, 한국문화, 2021.

찾아보기

일상이 ___ 고고학 시리즈

황윤 역사 여행 에세이

"우선 걸어볼까?"
타임머신을 타고 같은 장소 다른 시간을 걷는다.
옛사람들처럼 천천히 걸으며 풍경을 살피고,
역사의 조각을 맞춰보는 즐거운 순간!
고고학은 일상이 되고, 일상은 역사가 된다.

일상이 고고학: 나 혼자 백제 여행

소장 역사학자이자 박물관 마니아의 백제 역사 여행기. 역사 여행도 동네 산책처럼 친숙할 수 있다는 것을 보여주는 참신한 접근의 입문서로, 그동안 빈약한 배경 지식 탓에 깊이 음미할 수 없었던 백제 유물 유적의 가치에 눈을 트이게 해준다. 왜 백제의 유물이 뛰어나게 예술적이고 아름다운지 그 수수께끼를 발품으로 이룬 마니아 특유의 통찰력으로 풀어내고 있다. 전문가의 전유물이었던 백제를 친근하고 쉽게 풀어냈다는 평을 얻고 있다.

일상이 고고학: 나 혼자 경주 여행

경주를 100번도 넘게 가본 경주 마니아 황윤이 전하는, 고고학으로 경주 보는 법. 아름다운 경주의 풍경에 고고학을 더하여 지적 힐링을 안겨주며, 일상적인 누구나의 여행에도 더욱 깊고 더 많은 것을 볼 수 있도록 안내한다. 박물관 마니아답게 보이지 않는 것을 보는 감상자의 안목을 여행에 접목시키니 경주 자체가 열린 박물관이 된다. "전국의 역사선생님이 좋아하는 경주 역사책!" "책을 읽으면서 함께 여행하는 느낌!" "역사적 깊이가 정말 대단합니다. 경주에서 신라의 흔적을 하나하나 마주하며 찾아가는 그런 느낌!"

일상이 고고학: 나 혼자 가야 여행

김수로 왕에서 삼국 통일 시기 대단한 업적을 세운 가야계 신라인 김유신과 문무왕으로 이어지는 금관가야 이야기. 이 책은 자신의 기록을 남기지 못하여 연구에 한계가 있을 수밖에 없었던 고대국가 '가야'를 '수로왕 전설'인 난생설화를 통하여 역으로 추적하여 그 속에 숨어 있는 진짜 역사를 하나하나 찾아가는 역사 에세이다. 때로는 왜곡되고, 때로는 과장되고 억지스러운 역사의 기록을 함께 확인하고 풀어내는 과정과 각 역사 속 장면과 명칭 등의 의미를 함께 알아가는 가야 역사 여행은 고고학의 재미와 쾌감을 만끽하기에 충분하다.

일상이 고고학: 나 혼자 제주 여행

고고학의 눈으로 제주와 만나는 역사 여행 에세이. 덕후 출신 소장 역사학자인 저자의 편견 없는 가설과 다양한 문헌 해설, 그리고 부지런한 발품으로 만나는 제주 탐사 여행기다. 이 책은 〈삼국사기〉, 〈고려사〉를 비롯해 〈후한서〉, 〈삼국지〉 위서 동이전, 〈일본서기〉, 〈당회요〉 등 주변국 사서에 언급된 '탐라국'을 문헌적으로 개괄하며 신석기시대부터 고려시대까지 살펴본다. 저자는 그중에서도 유독 1374년 당대 최고 명장인 최영 장군을 총사령관으로 314척의 배에 2만 5,605명의 병력을 제주도로 파견하여 소위 '목호의 난'을 진압한 사건에 주목한다.

일상이 고고학: 나 혼자 전주 여행

전주를 기반으로 후백제를 세운 견훤과, 역시 전주에 뿌리를 둔 조선 왕조의 이성계를 통해 전주를 둘러싼 기시감 가득한 역사의 현장으로 이끈다. 기존에 한옥마을과 경기전 등 한정된 아이템 안에서만 즐겼던 전주 여행을 확장시켰을 뿐만 아니라, 역사적으로도 백제 말기부터 통일 신라, 고려 말기와 조선시대를 오가며 다중적인 전주를 보여준다.

일상이 고고학: 나 혼자 국립중앙박물관

박물관 마니아이자 역사 덕후인 황윤 작가의 국립중앙박물관 보는 법. 국립중앙박물관을 관람하는 다양한 스토리텔링 중 저자의 최애 코스인 '금(金)'을 주제로 한 탐구로, 1층에서 3층을 꼼꼼히 오가며 청동과 금의 흐름에서부터 국가 간 힘의 이동, 불교의 역사 등을 살핀다. 마침내 '사유의 방'. 두 분의 반가사유상을 만남으로써 클라이맥스를 신사한다.

일상이 고고학: 나 혼자 강원도 여행

역사 속 최고 권력자들과 선비 인텔리들이 골라 찾아다닌 한국에서 가장 빼어난 절경 여행지는 어디인가? 동해안을 따라 떠나는 고고학 여행이자 한 편의 판타지처럼 신비한 강원도! 〈관동별곡〉을 쓴 정철이 가사로 읊은 길, 동해안의 절경을 담아낸 〈금강사군첩〉을 그린 김홍도의 여정, 울릉도를 합락시킨 이사부의 흔적과 신라 화랑사선의 발자취가 남아 있는 곳. 강원도의 절경과 함께 고문헌과 옛 문학 작품, 설화 등과 어우러진 신비한 강원도를 만난다.

일상이 고고학: 나 혼자 분청사기 여행

도자기 관람자를 위한 입문서, 분청사기 편. 15세기에 구현된 분청사기만의 추상과 모던함! 이토록 담백하게 표출될 수 있었던 데에는 조선 전성기라는 자부심의 깊이가 자리한다. 그럼에도 불구하고 고려청자와 조선백자에 비하여 뚜렷이 인식 · 확산되지 못한 아쉬움이 있다. 오히려 해외에서 높이 평가받고 있는 분청사기의 매력을 만난다.

일상이 고고학: 나 혼자 경주 여행2 만파식적편

만파식적 설화로 만나는 최초의 고고학 답사기. 지금까지 만파식적의 의미를 문학적으로나 역사적으로 연구한 사례는 있었지만, 경주라는 공간에서 만파식적과 연관된 각각의 유물과 유적을 찾아 고증한 적은 없었다. 《삼국사기》와 《삼국유사》 두 역사서는 만파식적 설화를 어떠한 관점으로 기록하고 있으며, 오늘날 우리에게는 또 어떠한 의미인지 생각해보게 한다.

일상이 고고학: 나 혼자 백자 여행

조선백자를 제대로 볼 수 있도록 감상자의 시각을 확장해주는 책. 눈에 보이는 조선백자의 미(美)뿐만 아니라 미처 피우지 못한 잠재된 미(美), 제작 당시 의도했던 것은 아니지만 오늘에 이르러 재평가받는 백자의 미감(美感)에 이르기까지 조선백자에 대한 안목을 세계사의 흐름 속에서 살펴본다. 시대마다 다른 미감을 이해하면 더욱 재미있는 도자기 감상이 가능하다고 도자기 감상 팁을 전한다.

일상이 고고학: 나 혼자 남한산성 여행

1019년 귀주대첩 시점의 고려와 1636년 병자호란 시점의 조선을 대비하여 보는 남한산성 역사 여행 에세이로, 병자호란의 굴욕적인 패배의 장소인 남한산성에서 고려거란전쟁을 승리로 이끈 현종을 오버랩시키는 독특한 스토리텔링을 통해 패배한 역사와 승리한 역사의 차이를 살펴보고, 왜 리더가 중요하며, 위기의 순간 우리가 선택해야 할 해법은 무엇인지를 반추하게 만드는 책이다.

일상이 고고학: 나 혼자 통영 진주 여행

임진왜란의 최선전이었던 한산도를 직접 찾아가 이순신 장군의 면모를 밝히는 역사 탐방기로, 문헌을 통한 객관적인 고증 속에 점차 부각되는 리얼리티의 경험을 선사한다. 실제 이순신 장군처럼 한산도 앞바다의 지형지세를 바라보는 가운데 옛 문헌으로 전하는 세세한 전장의 묘사가 오버랩되면서, 마치 조선 수군이 된 듯한 생생함은 격이 다른 감동을 전한다. 단행본으로는 최초로 초상화를 통해 진짜 이순신 장군의 얼굴을 찾아가는 시도 또한 고고학의 묘미를 증폭시킨다.

일상이 고고학: 나 혼자 대가야 여행

2023년 유네스코 세계유산으로 등재되면서 주목받은 가야 고분군을 따라가는 고고학 여행기로 대가야의 다양성과 국가적 위상을 재조명한다. 이 책은 영역과 이름만으로 대충 언급되었던 경상도 지역의 병렬 소국 집합체인 대가야의 실체를 문헌으로써 명료하게 입증하고, 또 상상 이상의 유적 · 유물을 통해 그 압도적인 존재감을 리얼하게 보여준다. 한편 대가야 여행의 시작이 고려의 팔만대장경으로 유명한 합천 해인사에서 출발한다는 점과 임나일본부와 우륵의 가야금으로 끝을 맺는다는 점에서 역시 황윤 작가만의 독특한 스토리텔링을 기대하게 만든다.

일상이 고고학 : 나 혼자 수원화성 여행

1판 1쇄 인쇄 2024년 11월 1일
1판 1쇄 발행 2024년 11월 14일

지은이 황윤
펴낸이 김현정
펴낸곳 책읽는고양이

등록 제4-389호(2000년 1월 13일)
주소 서울시 성동구 행당로 76 110호
전화 2299-3703
팩스 2282-3152
홈페이지 www.risu.co.kr
이메일 risubook@hanmail.net

ⓒ 2024, 황윤
ISBN 979-11-92753-34-8 03910